百 帝 图

[明] 张居正 ——— 原著
张社国 ——— 编

图文版人物写真

陕西新华出版 三秦出版社

出版说明

　　这是一套浓缩的中国历史普及读物，它舍去斑驳陆离的历史过程、莫衷一是的是非功过，只是眼盯着历史上那些鲜活生动的三教九流、芸芸众生，按照特定的价值尺度，选取一百名风格各异的人物。如果说五千年中国历史是一部戏剧，那么这些人物基本上就是剧中的主要演员了。《百将图》荟萃了各个朝代的军事精英，名将们以其大智大勇力挽狂澜而赢得了人们的尊敬，他们有的是一仗成名，少年得志；有的是老谋深算，百战百胜。战争和危难为他们提供了一展身手的机遇，使他们名垂青史。《百美图》实则是中国历史上女性群体中的翘楚，容貌和姿色并不是她们入选的主要资本，聪慧和善良才使她们备受垂青。《百孝图》搜辑历代孝亲敬老故事，意在延续中华古代第一美德的血脉。《百帝图》总结历代帝王兴衰成败的关键，通过一个个故事把美德和痼疾同时展现。《百贤图》汇辑历代名臣言行和儒林故事，描绘了中国古代士大夫的精神风范。《百仙图》着眼于遁世避俗者这一特殊群体，用小说家言诠释他们的准真实故事。

　　此次整理出版这套小书，基本都是在古人原书基础上，补充了大量资料后改写而成稿。书中插图大多数为古书原图，具有较高的欣赏和收藏价值。

目 录

上篇　圣哲芳规

任贤图治 ……………………………………（1）
谏鼓谤木 ……………………………………（3）
孝德升闻 ……………………………………（5）
揭器求言 ……………………………………（7）
下车泣罪 ……………………………………（9）
戒酒防微 ……………………………………（11）
解网施仁 ……………………………………（13）
桑林祷雨 ……………………………………（15）
德灭祥桑 ……………………………………（17）
梦赍良弼 ……………………………………（19）
泽及枯骨 ……………………………………（21）
丹书受戒 ……………………………………（23）
感谏勤政 ……………………………………（25）
入关约法 ……………………………………（27）
任用三杰 ……………………………………（29）
过鲁祀圣 ……………………………………（31）
却千里马 ……………………………………（33）
止辇受言 ……………………………………（35）

百帝图

纳谏赐金	（37）
不用利口	（39）
露台惜费	（41）
遣幸谢相	（43）
屈尊劳将	（45）
蒲轮征贤	（47）
明辨诈书	（49）
褒奖守令	（51）
诏儒讲经	（53）
茸槛旌直	（55）
宾礼故人	（57）
拒关赐布	（59）
夜分讲经	（61）
赏强项令	（63）
临雍拜老	（65）
爱惜郎官	（67）
君臣鱼水	（69）
焚裘示俭	（71）
留衲戒奢	（73）
弘文开馆	（75）
上书粘壁	（77）
纳箴赐帛	（79）
纵鹊毁巢	（81）
敬贤怀鹞	（83）
览图禁杖	（85）
主明臣直	（87）

纵囚归狱 …………………………………（89 ）
望陵毁观 …………………………………（91 ）
撤殿营居 …………………………………（93 ）
面斥佞臣 …………………………………（95 ）
剪须和药 …………………………………（97 ）
遇物教储 …………………………………（99 ）
遣归方士 …………………………………（101）
焚锦销金 …………………………………（103）
委任贤相 …………………………………（105）
兄弟友爱 …………………………………（107）
召试县令 …………………………………（109）
听谏散鸟 …………………………………（111）
啖饼惜福 …………………………………（113）
烧梨联句 …………………………………（115）
不受贡献 …………………………………（117）
遣使赈恤 …………………………………（119）
延英忘倦 …………………………………（121）
淮蔡成功 …………………………………（123）
论字知谏 …………………………………（125）
屏书政要 …………………………………（127）
焚香读疏 …………………………………（129）
敬受母教 …………………………………（131）
解裘赐将 …………………………………（133）
碎七宝器 …………………………………（135）
受言书屏 …………………………………（137）
戒主衣翠 …………………………………（139）

百帝图

竟日观书 …………………………………………… (141)
引衣容直 …………………………………………… (143)
改容听讲 …………………………………………… (145)
受无逸图 …………………………………………… (147)
不喜珠饰 …………………………………………… (149)
纳谏遣女 …………………………………………… (151)
天章召见 …………………………………………… (153)
夜止烧羊 …………………………………………… (155)
后苑观麦 …………………………………………… (157)
轸念流民 …………………………………………… (159)
烛送词臣 …………………………………………… (161)

下篇　狂愚覆辙

游畋失位 …………………………………………… (163)
脯林酒池 …………………………………………… (165)
革囊射天 …………………………………………… (167)
妲己害政 …………………………………………… (169)
八骏巡游 …………………………………………… (171)
戏举烽火 …………………………………………… (173)
遣使求仙 …………………………………………… (175)
坑儒焚书 …………………………………………… (177)
大营宫室 …………………………………………… (179)
女巫出入 …………………………………………… (181)
五侯擅权 …………………………………………… (183)
市里微行 …………………………………………… (185)

宠昵飞燕……………………………………………………(187)
嬖佞戮贤……………………………………………………(189)
十侍乱政……………………………………………………(191)
西邸鬻爵……………………………………………………(193)
列肆后宫……………………………………………………(195)
芳林营建……………………………………………………(197)
羊车游宴……………………………………………………(199)
笑祖俭德……………………………………………………(201)
金莲布地……………………………………………………(203)
舍身佛寺……………………………………………………(205)
纵酒妄杀……………………………………………………(207)
华林纵逸……………………………………………………(209)
玉树新声……………………………………………………(211)
剪彩为花……………………………………………………(213)
游幸江都……………………………………………………(215)
斜封除官……………………………………………………(217)
观灯市里……………………………………………………(219)
宠幸番将……………………………………………………(221)
敛财侈费……………………………………………………(223)
便殿击球……………………………………………………(225)
宠信伶人……………………………………………………(227)
上清道会……………………………………………………(229)
应奉花石……………………………………………………(231)
任用六贼……………………………………………………(233)

5

任贤图治

尧是中国古代传说中的"五帝"之一,名放勋,因曾做过陶唐氏首领,所以历史上又被称为唐尧。

唐尧在位的时候,十分注意任用贤才,一切从民众利益出发。那时天下有四个远近闻名的贤人,分别是羲氏兄弟二人、和氏兄弟二人。帝尧让他们掌管有关四时节令的农事安排,让羲仲居于东方嵎夷之地,管理春季的耕作事务;让羲叔居于南方湿热的交趾一带,管理夏季的各项农事活动;让和仲居于西方干旱温和的边疆,管理秋季收获的有关事宜;让和叔居于北方寒冷阴湿之地,管理冬季的各项准备和贮藏事宜。帝尧又询问四岳的尊长,让他们举荐天下最贤能的人来辅助他治理国家,四岳的尊长便一致推举帝舜。尧为了考察舜的德行,就把自己的两个女儿娥皇、女英嫁给舜为妻,结果舜把一切都处理得十分妥当,深得帝尧的称赞。从此天下的贤才都能各尽其能。帝尧清静无为,天下被治理得井井有条。后来又过了二十年,帝尧年事渐高,眼看着自己的儿子丹朱不成器,不足以担当天下大任,便毅然将天下传给舜。舜很好地继承了帝尧的作风,也很重视选贤任能,先后任用了著名的"九官十二牧",各司其职,克己奉公,迎来了又一个太平盛世。后来人们称赞说:"尧舜垂衣裳而天下治。"意思是说尧舜不用很辛劳就达到了天下大治。

百帝图

谏鼓谤木

据史书记载，帝尧在位时，除了十分注重选拔贤良之外，还很会虚心听取别人的意见。他经常明察暗访，征询人们对政事的看法。可是，每当他问起这些话题时，听到的都是一些称颂的话，身边的人整天谈论的也都是四方平靖、五谷丰登、国泰民安的好消息。帝尧心里十分不安，尽管他知道身边的大臣都不是阿谀逢迎之辈，但他还是担心他们没有把真实的情况反馈上来、未能尽到下情上达的职责。特别是担心有的人出于这样那样的顾虑，不敢当面向他进谏。于是帝尧便命人制作了一面特殊的大鼓，放在宫殿门外，然后发布公告，让天下人无论地位高低，只要愿意进谏，都可以击鼓求见，任何人不得阻拦。

此招果然有效，确实有一些敢言之士前来进谏。可是帝尧还是不满意，因为毕竟敢于击鼓的人只是少数，那些温良怯懦之人不会做出这种举动，他们发现君王有过失，顶多只会在私下窃窃私议一番，而根本传不到君王耳朵里。帝尧又想出一招，命人在大门外竖起一块木牌，称作"谤木"，鼓励天下人将君王的过失写在上面，无论措辞多么尖刻严厉，一律不予追究。帝尧就是这样千方百计、诚心诚意地接受他人的批评意见，不断完善自己的德行，成为一代圣明的君主。

百帝图

孝德升闻

据史书记载，古代圣君舜的父亲是瞽叟，在舜的生母死后，娶了一个后妻，生下一个儿子叫象。舜的父亲十分固执，又不能明辨是非，经常偏听偏信；舜的后母十分凶悍，一点也不慈爱；舜的同父异母弟弟象十分傲慢无礼，一点也不尊重兄长。这三个人对舜横挑鼻子竖挑眼，怎么也看不惯，一心要置舜于死地。舜万般无奈之下只好设法躲避，这才逃过杀身之祸。事后他丝毫不怨恨，反而更加恭谨地孝敬父母。他的孝行终于感化了父母，一家人从此得以和睦相处。远近的人们都称赞舜是世间少有的大孝子。

当舜二十岁的时候，他的名气已经很大了，到他三十岁那年，帝尧向天下征召贤才，准备委以重任，群臣一致推举舜。帝尧早就听说舜很会与父母兄弟相处，可是不知道舜在处理夫妻关系方面做得如何，于是就把舜召来，将自己的两个女儿都嫁给舜做妻子。舜没有辜负帝尧的期望，用自己的德行教化二女，使她们放下架子，遵守妇道。舜五十岁时，帝尧正式让舜代理天下政事。八年之后帝尧去世，又过了三年，舜才真正继承帝位。相传舜在位共三十九年，百岁时南巡，死在苍梧之野，葬在九疑。

百帝图

揭器求言

据夏史记载，还在帝尧当政的时候，天下大雨，洪水泛滥，百姓深受其苦。帝尧访求能够治理洪水的人，群臣便推荐鲧。可是鲧治了九年却毫无成效，帝尧这才起用舜主持治水之事。舜将鲧流放到羽山，改派鲧的儿子禹继承父业。禹不负众望，呕心沥血，出外十三年，三过家门而不入，终于成功地制伏了水患。舜十分高兴，考虑到自己的儿子商均不贤，便将帝位传给禹。

禹执掌大政后，恭敬地向先王学习，特别仰慕帝尧的为人，他早就知道"谏鼓谤木"的故事，如今自己也遇到了与帝尧当年同样的问题，生怕自己在处理政事时或制定大政国策时有考虑不周的地方，或者对于潜在的忧患而自己一无所知，或者在判狱断案时不够公正，或者四方远近的人无法发表自己的见解。于是他令人将钟、鼓、磬、铎、鞀五种乐器挂在门外，告谕臣民说："前来为我讲解治国之道的人，请击鼓；前来为我讲解为人处世之道的人，请撞钟；前来向我反映各地情况的人，请振铎；前来向我指出潜在忧患的人，请击磬；前来诉说冤情的人，请摇鞀。"这样一来，臣民们各得其所，心情十分舒畅。

百帝图

下车泣罪

大禹是古时候的贤君，关于他的传说故事很多，这些故事从各个方面表现了禹的贤明、恭谨、仁厚和勤奋。据夏代史书记载，大禹治水成功后，深得舜的器重和赞许，被舜荐于天神，作为舜的继承人。十七年后舜去世，禹为舜守丧三年，三年丧毕后，禹效法舜当年故事，让位于舜的儿子商均。可是商均的德行不足以服人，诸侯都背弃了商均而归向禹。禹于是即天子位。即位后他时刻关心着四方民众的疾苦，不辞辛劳地四处巡游。有一次，在巡游途中，车驾正在行进，禹忽然看到一队衣衫褴褛的囚徒在烈日下艰难地前行，于是他让车子停下，自己跳下车来，关切地询问这些囚徒的情况，说着话泪水禁不住流了下来。身边的随从见状很是不解，就问道："这些囚徒都是些大逆不道之人，犯了王法，受到法律的制裁也是罪有应得。君王为什么要替他们难过呢？"禹一边揩着泪水，一边痛心疾首地说："尧和舜做君主时，天下人都能够按照君王所教诲的去做。而我现在当政，百姓们却都按着自己的心思去行事，以致于违背天理，触犯王法，这实在是因为我的德行浅薄，不能以德化人。我并不是为囚徒伤心，而是因我的德行不及尧舜而伤心啊！"

百帝图

戒酒防微

　　大禹是一位严于律己的君王，常常能从一件极其普通的事情上悟出深刻的道理。据夏史记载，在大禹所处的时代，人们已经发明了酿酒技术，许多人都在从事酿酒业，涌现出不少酿酒高手。当时有一位名叫仪狄的人，很会酿酒，他酿的酒醇香浓郁，令人陶醉，远近闻名。有一天他突发奇想，心想我的酿酒技艺天下无人可比，何不将这美酒呈献给劳苦功高的君王大禹呢？这样一来可以表达我的一点心意，二来如果大禹品尝之后觉得不错，一高兴说不准还会重重赏我呢！于是他选了两坛上好的美酒拿去献给大禹。大禹喝了一口，细细地品着，觉得一股清冽甘醇的滋味浸入心脾，真是世间难得的好酒啊！大禹由衷地赞叹说。仪狄目不转睛地注视着大禹的表情，脸上也浮现出得意的笑容。可是大禹忽然脸色一沉，惊雷般吐出一句话："后世的人们，必然会因贪饮美酒而导致亡国！"仪狄顿时大惊失色，不知说什么才好。大禹下令，今后再不许仪狄进见。不仅如此，大禹还号令宫中，在膳食中撤除美酒，也不许接受各地进献的任何美酒。大禹能从饮酒这件小事上看到亡国乱政的危险，确实难能可贵。

百帝图

12

解网施仁

　　商汤是商朝的建立者，是夏朝末年商族的首领，与有莘氏通婚，任用伊尹执政，积聚力量，陆续攻灭邻近的葛国以及夏的联盟韦、顾、昆吾等国，经十一次出征，成为当时强国，最终一举攻灭了夏。

　　商汤执政时，效法前代圣贤，推行仁政，爱惜民力，使当时的社会经济取得了较大发展。商汤最著名的举动就是"解网施仁"。据《史记·殷本纪》记载，商汤外出巡察，来到一处山林，看到一个人正在张网捕鸟。那个人把网四面张开，并且向天祷告说："愿那些从天空落下的鸟，以及从四面八方飞来的鸟，全都掉进我的罗网中吧！"商汤听了心中很不舒服，他觉得这个人的做法太过分了，没有一点慈爱的念头，如果让他如愿，那么鸟雀一个也别想逃脱，何必这样残忍呢！于是他让随从们解开三面罗网，只留下一面，并且让那人更改了祷词，说道："想要往左飞的就向左边飞，想要朝右飞的就向右飞，想要向高飞的就尽量往高飞，想要向下飞的就尽量往下飞。不听从劝告、自寻死路的，就飞入我的网中。"商汤这件事传开以后，各地诸侯国都认为商汤的恩德竟然施加到禽鸟身上，那么对人就更不用说了，于是纷纷归附商汤，先后有三十六国前来归附，使商的国力达到空前鼎盛。

百帝图

桑林祷雨

　　商汤在位时期，由于推行仁政，而深得臣民拥戴，上下齐心，呈现出一派太平景象。可是天有不测风云，有一年遇上大旱，中原一带晴空万里，一点雨也未下，江河干涸，土地龟裂、庄稼都旱死了。商汤看在眼里，内心忧急如焚，他把专门负责占候卜筮事宜的太史官找来，请他占卜，看看是不是因为自己在处理政务时有什么差失，触怒了上天。太史官不敢怠慢，占卜一番后回报说："并没有什么失政之处，眼前的旱灾，只是由于对上天的享祭不够，应当杀一个人祭天，就会下雨。"商汤生气地说"这怎么能行！我之所以求雨，正是为了救济众生，怎能反而杀死活人呢？如果一定要用杀人的方式来求雨，那就从我开始吧！"于是他便沐浴斋戒，修剪头发和指甲，乘着白马拉着的素车，身上缠裹着白茅草，作为祭天的牺牲，在桑林环抱的原野举行祭天祷告仪式。他从各个方面省察自己的错失："是我在政事上不合乎法度吗？是由于我的原因而使民众失去了谋生的手段了吗？是我的宫室过于高大华丽了吗？是有人通过贿赂而升官加爵了吗？是造谣中伤别人的奸人阴谋得逞了吗？"商汤的话音刚落，刚刚还是万里无云的天空马上阴云密布，电闪雷鸣。方圆数千里的范围内都下起了倾盆大雨。

百帝图

德灭祥桑

　　商中宗太戊是商朝一位较有作为的明主,在他亲政前,商王朝一度出现衰落之势,内忧外患不断,天灾人祸频仍,有些诸侯方国趁机摆脱商的控制,与商分庭抗礼。太戊亲政后,任用贤臣伊陟和巫咸,勤谨修德,励精图治,使商王朝呈现"中兴"之势。"德灭祥桑"就是有关太戊修德以驱除妖异的传说故事。祥桑,就是妖桑,即预示凶险的桑树。说是有一年,在太戊的朝堂之上忽然长出来一棵桑树和谷树合而为一的连体树,一夜之间就长到合抱粗细。太戊看到这种怪物,心中十分恐惧,就问大臣伊陟。这伊陟是名相伊尹的儿子,素来以足智多谋著称。他仔细观察了一番,不紧不慢地说:"这桑树和谷树本来应该生长在山野,不应当出现在朝堂之上。如今连体合生在朝堂,并且一夜之间大如合抱,确实是不祥之兆,不过历来妖不胜德,邪不压正,现在这朝堂上生出这种妖物,也许是君王在处理政事上有什么过失吧。只要修养德行来战胜之,妖异自然会消灭。"太戊就听从伊陟的建议,恢复完善祖宗的德政,制定养老的礼节,早起晚睡,抚恤病人和吊祭死者。三天之后,妖树果然枯死。太戊毫不松懈,更加修德亲民,又过了三年,远方外国的人都仰慕他的德义,先后有七十六国前来归顺商朝,商朝的国势得到空前振兴。

百帝图

梦赉良弼

商王朝的第二十三个君王是武丁，历史上又称为殷高宗。他是继帝小乙之后亲政的。这时候，商王朝正处在盘庚中兴之后的衰落时期。武丁在服丧期间，心里就打算要有一番作为，以振兴商朝。他明白，要想有所作为，就必须有得力的谋臣。于是他开始在满朝文武中物色合适的人选，可是思来想去，反复考察，发现都不理想。他内心十分苦闷，三年中沉默寡言，将军国大事全都委托给朝中的冢宰，自己到各处巡游，继续寻访贤才。也许是他的诚心感动了苍天，一天夜里，他做了一个梦，梦见天帝赏赐给他一位奇才来辅佐他。他醒来后就让人根据记忆绘成图像，到各地去寻找。终于在傅岩之野找到一个人，与画上的人一模一样。此人名叫傅说，当时正在那里筑墙。武丁将他召来，与他谈论治国方略，果然满腹经论，见识高妙。武丁非常高兴，当即任命傅说为相，并对他说："你从此以后要时刻在我身边，提出好的意见和建议，督促我不断提高德行。你要敞开心扉，不要有所保留。用你的智慧和才华来熏陶滋润我的心灵。"傅说没有辜负武丁的期望，尽心尽力地辅佐武丁，使商王朝一度实现了中兴。

百帝图

泽及枯骨

周文王是西周王朝的奠基人，商朝末年他继承后稷、公刘的事业，效法古公亶父、季历的作为，宅心仁厚，敬老爱幼，礼贤下士，使得周的国力不断强盛，为以后周武王灭商建立周朝奠定了坚定的基础。最能体现周文王宽仁慈惠品质的就是"泽及枯骨"的故事。据《资治通鉴外记》记载，文王刚刚做西伯时，有一天出外巡行，看到死人的枯骨散弃在荒野，马上吩咐吏人挖坑埋葬。吏人不以为然地说："这些枯骨都已在此散弃多年，是些无主的尸骨，何必要多此一举去埋葬呢？"周文王反驳说："不对！怎么能说是无主的尸骨呢？天子拥有天下，就是天下的主人；诸侯拥有一国，就是一国之主。眼前这些枯骨在我西伯管辖的境内，我就要为死者做主。怎能忍心看着他暴尸荒郊而不掩埋呢！"于是命人妥善安葬了这些尸骨。天下四方的人们听到这件事，都感叹说："西伯的恩泽是如此的深厚博大，连枯骨都受惠不浅，更何况是活着的人呢！"纷纷前去归附，著名的如太颠、散宜生、伯夷、叔齐等，都聚集在周文王帐下，成为他的得力助手和心腹谋士。

百帝图

丹书受戒

周武王继位之初，向老臣姜尚请教说："凡是前人创立的基业，都想让子孙代代相传，可实际上真正能够守住祖先基业的很少。有什么法宝可以方便收藏、行之有效又能被子孙永远信奉呢？"姜尚回答："有一卷书叫《丹书》，就是这样的一件法宝。君主要想听，就请斋戒吧！"三天后，周武王衣冠整齐地走下大殿，面朝南站立着等待姜尚传受。姜尚说："南面是君位，北面是臣位。大王朝南而立，那么《丹书》就只能朝北而授，这是对《丹书》的大不敬。"周武王想了想，就面朝东站立。姜尚这才面朝西诵读《丹书》："'用恭敬克制懈怠，国运就昌盛；用轻慢代替敬畏，国运就衰亡；公义战胜私欲，事业就会顺利；私欲战胜公义，事情必定失败。'这其中的关键就在'公'和'敬'字上下功夫，保藏起来是多么的简便，实行起来是多么的容易。能够被子孙万代信守而不丢弃的，也就是这几句话了！"周武王大为折服，他又仔细玩味着这番话中的深刻含义，越想越觉得有理，于是他在座席上、木几上、镜子上、洗面盆上、殿柱上、手杖上、衣带鞋子上、酒具上、门窗上、剑弓枪矛上，全都题写上这几句话，不但要使自己随处可见，触目警心，而且要让后世子孙也能看见，永远铭记在心。

百帝图

感谏勤政

周宣王姬靖于公元前828年至公元前782年在位，他的王后姜氏十分贤惠，经常向周宣王提些好的建议。有一段时间，周宣王睡得很早而又起来得很迟。姜后怕他这样下去会懒惰成性而误了政事，就想方设法要劝谏他。她想直截了当地向宣王说明，又感觉不妥，思来想去，想出一个主意。她故意卸掉自家头上的簪环等首饰，主动到陋巷中待罪，然后让身边的傅母前去对宣王说："由于贱妾的无能，使得君王在礼节上出现差失，沉溺于女色，贪图安逸享乐，耽误了早朝听政，这都是我的罪过，请君王从重处置吧！"周宣王听罢，马上明白过来，说道："这都怪我自己太懒惰，要说有罪也是我自己有罪，与夫人没有关系。"从此以后，宣王一改过去的习惯，每天早早就临朝听政，与群臣商讨治国安邦之道，直到天色很晚才退朝。由于姜后的不时提醒，周宣王确实取得了不少政绩，被认为是一代中兴之主。

百帝图

入关约法

公元前206年,刘邦率军攻被崤关,占领秦都咸阳,召集当地德高望重的父老及才能出众的豪杰,对他们说:"秦皇不用正道治理天下,制定了烦琐严酷的法令,你们这些人长期以来吃尽了苦头吧?谁要是在谈话中提到时政的利弊,马上就被指控犯了诽谤罪,要诛灭全族的人。如果有两个人在一起谈心,就被说成是密谋造反,要在街市上当众处死。这是多么残暴的做法呀!当初起兵反秦的各路诸侯共同立下约定:谁先进入关中,谁就做关中王。现在我率先入关,应当做关中王,为你们做主。今天就在这里与各位父老约定三条法律:杀人者偿命,打伤人以及偷盗他人财物的按情节轻重加以治罪。除这三条之外,其它一切五花八门的严刑苛法全部废除。"过后,刘邦为了让远近的人们都知道这一规定,特意派人带着秦朝的官吏一道巡行各县乡邑,广为宣传。秦朝的老百姓听到这一消息,十分高兴,个个奔走相告。人们争着拿出牛羊酒食慰劳刘邦的军队,生怕刘邦不做关中王。刘邦算是看准了当时社会矛盾的症结,因而对症下药,用"约法三章"取代了秦朝严苛繁密的法条律令,一下子抓住了民心,从而得到民众的支持和拥护,为他以后在楚汉相争中打败项羽、最终建立汉朝奠定了坚实的基础。因此从某种意义上说,"约法三章"堪称刘邦政治生涯中的得意杰作。

百帝图

任用三杰

汉高阻刘邦平定天下之后,最初将都城定在洛阳。这一天,高祖在洛阳南宫大摆宴席,宴请群臣。席间,高祖问大家说:"你们今天都不要隐瞒,都可以大胆发表看法,你们认为我取得天下的原因是什么?项羽丧失江山的原因又是什么?"群臣中高起和王陵二人回答说:"这是因为陛下派人去攻城略地,等到攻克之后就把城池和土地奖赏给他,与天下之人共同分享胜利果实。而项羽却恰恰相反,他嫉贤妒能,打了胜仗舍不得论功行赏,得到土地舍不得分给别人。所以陛下的将士人人奋勇,个个争先,使得陛下能够取得天下;而项羽的手下人人怨恨,都不肯出力卖命,所以最终丢失了江山。"高祖说:"你们只知其一,不知其二,要说运筹帷幄、决胜于千里之外,我不如张良;镇守国家,安抚百姓,保障供给,使运粮道路畅通无阻,我不如萧何;而统率百万大军,战无不胜,攻而必克,我不如韩信。这三个人都是当世的人杰,我能够使这三个人为我所用,这才是我取得天下的根本原因。项羽尽管有谋士范增,却不善于用人,所以最终被我打败。"群臣听了这番话,全都心服口服。

百帝图

过鲁祀圣

公元前196年,也就是汉高祖刘邦打败项羽后第六年,淮南王黥布眼看淮阴侯韩信、梁王彭越相继伏诛,内心十分害怕,遂在九江起兵造反。消息传到长安,汉高祖刘邦亲自率军前去征讨,很快便击破叛军,黥布仓惶逃走,刘邦命别将追击,自己返回长安。此时的刘邦年事已高,一路上颇多感慨。在路过故乡沛时,特意与父老纵酒高歌,唱出了著名的《大风歌》,然后依依不舍地与家乡父老道别,重新踏上北归之路。在经过曲阜时,刘邦忽然想起要去祭祀孔子这位儒家始祖,他命人准备了牛、羊、豕三牲齐全的太牢之礼,然后毕恭毕敬地在孔子墓前顶礼膜拜,唏嘘感叹了很长时间,令旁观者为之动容。汉高祖当时的心境一定十分复杂。不过他这一拜,却开启了后世帝王尊孔的先河。孔子在世时四处碰壁,死后很长一段时间内其学说也得不到推重,到秦始皇更是焚书坑儒,使儒家几乎受到了毁灭性打击。刘邦作为一代帝王,对孔子屈尊下拜,为以后皇帝做出了表率。因此汉武帝时"罢黜百家,独尊儒术",后世帝王纷纷给孔子加封尊号,追溯其源头,其实都是从刘邦开始的。

百帝图

却千里马

汉文帝刘恒（前202～前157）是刘邦的第四个儿子，于前180至前157年在位。当皇帝前为代王。吕后死后，周勃等人平定诸吕之乱，迎立他即皇帝位。在他当政的二十三年间，推行清静无为的黄老政治，与民休息，使经过多年战乱破坏的社会生产得到较好的恢复。汉文帝特别崇尚节俭，身体力行，爱惜民力，对于超出法度的珍玩奇器一概拒之门外。据《汉书·贾捐之传》记载，有一年，有人从远方牵来一匹千里马，说是世间少有的宝驹，要献给汉文帝。汉文帝一听就不高兴了，他冷冷地回绝道："千里马对我来说毫无用处：我出外巡幸的时候，有鸾旗在前边导引，有属车在后面保护；我去参加喜庆典礼，一天最多不过走五十里；我率师亲征，一天最多只能行进三十里就安营宿息。那么我如果骑着这匹千里马，一马当先要到哪里去呢？"于是下诏拒绝接受，让那献马的人再把马牵回去。看来汉文帝确是一代圣明君主，头脑十分清醒，并不因为所献之物是稀世宝马而动心。他以"不实用"为由推辞了宝马，也就堵住了其他想通过进献而邀宠之人的进身之道。他连千里马都不要，其他人也就会知趣地打消进献别的奇珍异宝的心思。

百帝图

止辇受言

汉文帝在位时，十分注意听取他人的意见，以虚心纳谏的品质受到史家的称赞。据《史记·袁盎晁错列传》记载，汉文帝每次临朝听政的途中，都会有一些职位较低的郎、从官在途中上奏。这些人没有资格上殿面君、堂而皇之地奏上条陈，只能采取这种办法向皇帝进言。汉文帝每当遇到这种情况，都会毫不犹豫地停下车驾，接受他们的上疏或听取他们的陈诉。特别值得称道的是，不论进言人说的对还是不对，他都泰然处之，不愠不怒。有些人上的奏疏中说的明显没有道理，难以采纳，汉文帝只是一笑置之，不照他说的去办罢了，并不生气，也不加以谴责。有的奏疏中所说的话有益于民众，有助于治国安邦，文帝就马上加以采纳，并认真地加以实行，然后在群臣面前还要经常表扬进言之人。汉文帝正是通过这些美德折服了臣民，使得臣民们上下同心，共同揭开了物阜民丰的"文景之治"的序幕。

百帝图

纳谏赐金

据《史记·袁盎晁错列传》记载，汉文帝有一次到霸陵巡游，车子走到一处很陡的斜坡上时，文帝毫不迟疑，驱车就要从陡坡上急驰而下。此时在他身边跟随着一位中郎将袁盎，看到这种情景，急忙挽住了车的辔绳，那意思分明是不想让车驾冲得太快。文帝脸上露出一丝讥讽，笑着问道："将军胆怯了吧！"袁盎说："臣听说千金之子（家财千金人家的儿子）坐的时候不靠近厅堂的边沿，以免屋瓦坠下砸伤或座椅倾翻而跌伤，百金之子不能骑在栏杆上玩耍，以免摔伤，圣明的君主不去随便身临险境。现在陛下乘着六匹马拉的车驾，飞驰下这么陡峻的斜坡，如果马匹受惊而致使车子毁坏，陛下即使不爱惜自己的龙体，可是又怎能对得起列祖列宗和太后呢！"文帝一听这话，当即醒悟过来，不再坚持做出鲁莽的举动。

还有一次，汉文帝巡幸上林苑，皇后与慎夫人同行。这位慎夫人平素深得文帝宠爱，此时便和皇后同席而坐。袁盎认为这样不合礼法，便将慎夫人的座位安排在后排。慎夫人和文帝一开始都很生气，经过袁盎耐心解释开导，慎夫人终于明白了袁盎的诚意，特意赐他五十斤金。

百帝图

不用利口

汉文帝有一次到上林苑游玩，来到养虎的虎圈，看着看着，忽然问身边掌管上林苑日常事务的上林尉说："这苑中有多少禽兽？"上林尉一愣神，张口结舌，支吾半晌答不上来。文帝脸色一沉，接着又问了十几个问题，这位上林尉左顾右盼，抓耳挠腮，全都答不上来，急得浑身冒汗。就在这时，他身旁的一位小吏站了出来，十分详尽地回答了文帝的问题，如数家珍。文帝暗暗称奇，马上对身边的大臣张释之说："这个上林尉徒有虚名，应当罢免。而这位小吏人才难得，可以拜为上林令。"张释之沉吟了半晌，对文帝说："这件事应当三思而行。如今朝中忠臣周勃、张相如等人，尽管功勋卓著，德才兼备，可是平素绝不夸夸其谈。大概越是有德的人，越是器宇深沉，言语简当，岂能像这位小吏这样伶牙俐齿，哗众取宠。那位上林尉固然有尸位素餐之嫌，可这位小吏也给人一种刻意炫耀、另有所图的感觉。如果因小吏能言善对而破格提升，那么天下之人就会纷纷加以效仿，只重言辞而不注重实际才干，那么世风就令人担忧了！"文帝认为张释之说得很对，就打消了要擢升小吏的念头。

百帝图

40

露台惜费

汉文帝是中国历史上为数不多的以节俭著称的皇帝之一，在位二十三年间，宫室苑囿、狗马服御全都是原先的样子。他平时喜欢穿一身黑色粗丝衣服，就连他最宠爱的慎夫人，也是不穿曳地长裙，为的是节省衣料。帏帐上没有绣任何花纹图案，也没有金银装饰。汉文帝要求为他修治霸陵的官员，在施工中全部用砖瓦陶器，不得用金银铜锡作为装饰；要因山为冢，不要另起坟冢。最能代表文帝俭德的是这么一件事：有一次，汉文帝打算在骊山上建一座赏景的露台，预先让工匠计算工程所需费用。工匠奏报说需要百金。本来对于皇家来说这简直算不上是多大的数额，可是汉文帝却思来想去，最后还是决定不修。他是这样说的："百金虽不多，可是也相当于中等人家十家的资产。如今修这么一个亭台，就要破费十家的产业，岂不是太可惜了！况且我现在住着先帝留下的宽广的宫室，常常担心自己才德不济而辱没了先帝，连现有的宫室也不配居住享用，何必还要另建什么露台呢！"建造露台的事就这样作罢。

百帝图

遣幸谢相

　　汉文帝有天夜里做了一个奇怪的梦，梦见自己想升天，可是怎么也上不去。正在这时，有一个头戴黄帽的人背后将他推了上去。文帝醒来后便命人四处寻找，找见了邓通。邓通当时戴着黄帽替人撑船，与文帝梦中所见之人一模一样。文帝当即提升邓通为上大夫，并赏赐他大量钱财。文帝让人给邓通相面，相士说邓通最终将会饿死。文帝说："我可以让邓通成为巨富，绝不可能饿死！"于是赏给邓通一座铜山，准许他铸钱。邓通受到的宠爱无人可比，便开始傲慢起来，有一次上朝竟然对丞相申徒嘉无礼。申徒嘉大怒，罢朝后坐在府中，派人去叫邓通，声称如果邓通抗命就要他的脑袋。邓通这才害怕了，赶紧去见汉文帝。文帝说："你先去，过后我会派人救你。"邓通脱去官帽，光着脚前往丞相府中，一进门便叩头请罪。申徒嘉斥责他说："你这小人，竟敢在殿堂上取笑大臣，实属大不敬，按律当斩！"说完命令手下将邓通推出去斩首。邓通不住地叩头，额头都流血了也不敢停止。正在这时，文帝令使臣拿着手诏前来召邓通，并向申徒嘉致歉。申徒嘉见惩戒的目的已经达到，这才饶恕了邓通。邓通见到文帝，惊魂未定，痛哭流涕地说："臣差点被丞相杀掉啊！"这个邓通这一次虽然免于一死，可是却未真正吸取教训，后来又得罪了太子，等到太子即位，便将他免官并没收家产。邓通最终穷愁潦倒，果然落了个贫饿而死的下场。

百帝图

44

屈尊劳将

有一年，匈奴大举入侵，汉文帝拜刘礼、徐厉、周亚夫为将，分别领兵布防。刘礼屯霸上，徐厉屯棘门，周亚夫屯于细柳。为了鼓舞士气，文帝亲自到各营慰劳军士。先到霸上、棘门二营，车驾长驱直入，无人拦阻。最后到细柳营，却被拦住了。先导官对守门军士说："圣驾马上就到，赶快打开营门。"守门军官说："军中只认将军的号令，不认天子的诏命。"不一会儿文帝的车驾来到，文帝让人持符节对周亚夫说："朕要进营慰劳军队。"周亚夫这才传令开门见驾。守门军士又说："将军有令，军中不许纵马驰骋。"文帝便拉着缰绳慢慢前行到中军大帐。周亚夫出来见驾，手执兵器，躬身施礼说："甲胄在身，不敢跪拜，臣请求以军礼见驾。"文帝一听马上表情严肃起来，俯身向亚夫还礼，并说："皇帝恭敬地向将军致意！"等到一切礼仪结束之后，文帝带随从出了营门，感叹地说："这才是真正的将军啊！刚才在霸上、棘门的防务，简直就像儿戏一样。万一敌人前来偷袭劫营，其主将很可能会束手就擒。像周亚夫这样戒备森严，谁还敢来侵犯呢？"

百帝图

46

蒲轮征贤

　　汉武帝刘彻在位时，尊崇儒术，到处寻访征召精通儒家经典的贤才，先是任命赵绾、王臧分别为御史大夫和郎中令，准备在长安城南仿照古制建立明堂，然后又草拟巡狩封禅等仪程。这时赵绾和王臧又荐举他们的老师申公，说申公的学问更大，韬略更深。汉武帝一听，马上遣使去征聘申公。他听说申公年事已高，担心路途遥远，申公受不了颠簸之苦，便让使者驾一辆安车前去迎接。为了使申公坐得更舒服一些，汉武帝特意让人用蒲草将车轮包裹起来。为了表示他的诚意，又让使者带上许多绢帛和璧玉作为见面礼。申公果然被汉武帝的盛情美意所打动，跟着使者来到京城长安。汉武帝十分高兴，马上任命申公为太中大夫，安置在鲁王府中居住。一切就绪之后，汉武帝便急切地向申公请教治国之道。申公告诉他说："治理天下最忌空谈，最重要的就是要多做实事，才能取信于民。"

百帝图

明辨诈书

　　汉昭帝刘弗陵是汉武帝的儿子，他八岁就登上帝位，由大将军霍光等人辅政。大将军霍光权倾中外，得罪了不少朝臣，于是长公主、左将军上官桀及其儿子上官安、御史大夫桑弘羊等人就合谋要陷害霍光。他们知道燕王刘旦作为昭帝的兄长却未能立为天子，心怀不满，便假借燕王的名义向昭帝上书，称大将军霍光专权自恣，擅自更调幕府校尉，是图谋不轨。奏疏传到昭帝手中时，年方十四岁的昭帝看过以后就扣了下来。第二天霍光听说了这件事，十分恐惧，在殿外等待发落，不敢进殿。昭帝让人召霍光进见，霍光见了昭帝，赶忙去掉官帽，叩头谢罪。昭帝说："将军请戴上帽子。这个奏章是假的，将军更调校尉还不到十天，燕王离京城几千里，怎么可能这么快就知道这件事呢？一看就知道是假的。"左右的人一听这话全都感到很惊奇，因为昭帝毕竟只有十四岁啊。后来那个上书之人果然仓惶逃走了，完全证实了昭帝的判断。

百帝图

50

褒奖守令

汉宣帝刘询在位时强调"霸道"和"王道"兼用，十分重视吏治，认为吏治好坏直接关系到国家安危。他特别注重太守和县令的选拔任用，曾经说过："郡守最是亲近民众的官员，是最要紧的，如果更换太频繁，刚刚到任不久就要调任他处，老百姓就心里不安定。而且过多的迎新送旧，只能给百姓添许多麻烦。如果官吏长期在一个地方做官，就能了解当地的风土民情和百姓疾苦，所制定的政令措施必定能够对症下药，符合当地实际。而且百姓也不敢对他进行欺哄，顺从他的教化。"所以汉宣帝时期的郡守一级官吏，如果政绩卓著，宣帝就下诏进行褒奖，就地为他加升官级，赏赐金帛，而不随意调动。有的人已经达到关内侯一级，仍然担任着地方官。只有朝廷三公九卿出现空缺需要补足时，才根据以往受到表彰的多少来依次选拔，委以重任。如黄霸就是由颍川太守升为太子太傅的，赵广汉由颍川太守升为京兆尹。通过这种办法，较好地调动了地方官吏的积极性，大多数人都能够勤勉奉公，使宣帝时期政治比较清明，保持和发展了昭帝时开始的中兴局面。

百帝图

诏儒讲经

汉宣帝不但重视吏治,而且十分重视学术文化事业的发展。通过学习他觉得儒家的"五经"都讲的是修身齐家、治国平天下的大道理,可是经过秦始皇的焚毁,重新整理出来的经典体系已经十分混乱,不同的学者传授的经典内容都不尽相同,缺乏统一的标准。那些研究经典,为经典作传作注的人,也都各执一端,见仁见智,莫衷一是。于是宣帝就下诏让儒臣们分析"五经"的异同,如经文有不同的内容,就要讨论究竟哪个是对的,哪个是错的。"经传"和"经注"说的不一样的,就要辨别哪个与经文原旨相合,哪个与经文原旨不合。又命太子太傅萧望之主持召开石渠阁会议,评议诸儒所发表的见解,对谁是谁非、谁真谁伪做出判断,奏闻给宣帝。宣帝再据此行使天子的权力,在朝堂之上做出裁定,认为先儒梁丘贺传授的《易经》、夏侯胜、夏侯建传授的《尚书》、谷梁俶传授的《春秋》为真传,就这三家分别设立博士之官,让其教习弟子,以便发扬光大。

百帝图

葺槛旌直

汉成帝刘骜在位时，外戚王氏专权乱政。安昌侯张禹曾为汉成帝讲授经学，成帝以师礼待之。张禹为人博学，可是生性懦弱，加上年老，看到王氏势力强大，便处处替王氏说话。当时有个人对张禹的做法很不满，这个人就是原槐里县令朱云，他生性刚直，不畏权势，上书求见皇上，当着众公卿的面说："请皇上赐给我尚方宝剑，我要斩下一位佞臣的头，以惩戒其他人。"成帝问："这个佞臣是谁？"朱云说："就是安昌侯张禹！"成帝大怒说："小臣竟敢当众侮辱我师傅，这是不容饶恕的死罪！"御史上前来把朱云向殿外推，朱云抓住殿前栏杆不放，御史一用力，竟将栏杆拉断了。朱云大叫道："我能够到九泉之下见到夏朝忠臣关龙逢、商朝忠臣比干，感到心满意足了，只是不知朝廷会毁在谁的手里！"左将军辛庆忌摘掉帽子，不住地叩头为朱云求情，成帝的怒气才慢慢消解，最终饶恕了朱云。事后官员要修理栏杆，成帝说："不必换新的，把坏的地方修一修就行了，应当把这栏杆作个纪念，以表彰忠直敢谏的臣子。"

百帝图

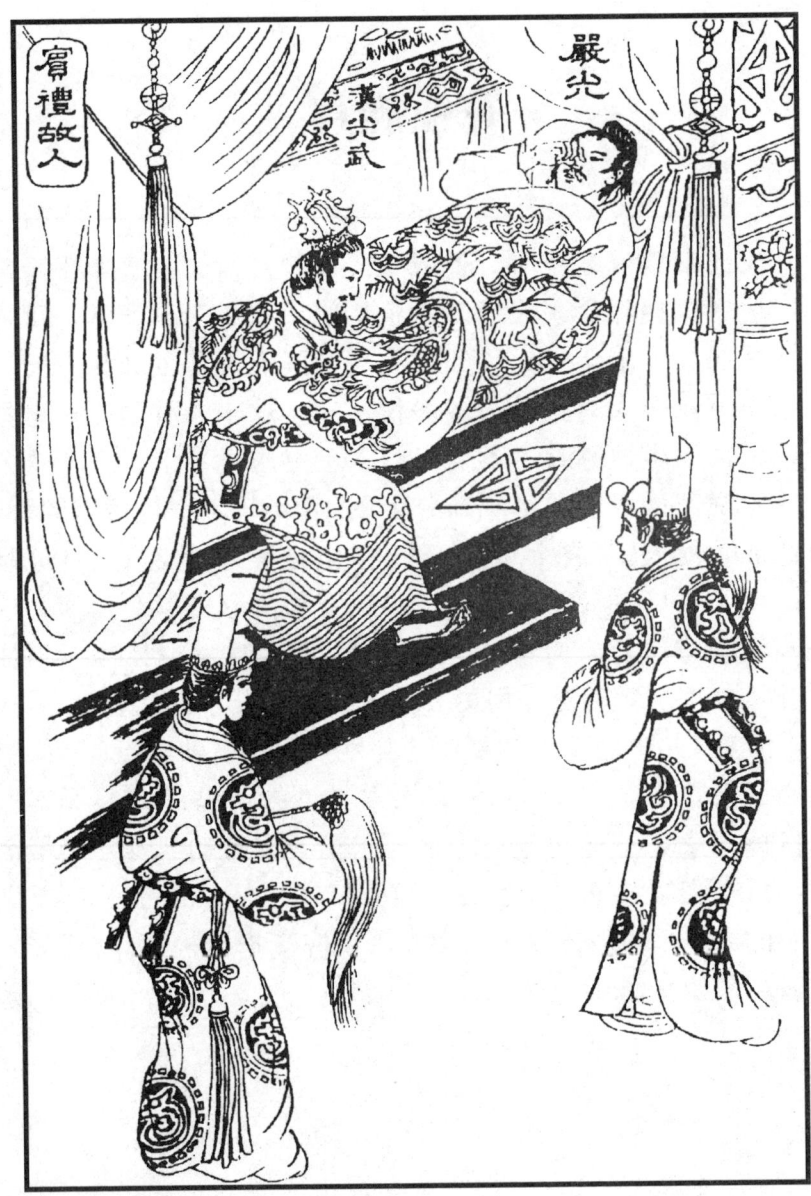

宾礼故人

东汉光武帝刘秀小时候曾与严光一同读过书,后来刘秀当了皇帝,严光便逃避远方不肯相见。光武帝追念严光的好处,就让人拿着严光的画像四处去寻找,终于发现有位男子披着羊皮袄在齐地的湖中钓鱼。光武知道一定是严光,就派使者驾着安车、带着厚礼去请,来回跑了三趟才把严光接到京城。刘秀得到消息,即刻驱车到馆舍去拜访严光,严光躺在床上不起来。刘秀抚摩着严光的肚子说:"你这个怪人,就不能帮着我治理天下吗?"严光睁开眼睛盯着刘秀看了很久,说:"古时唐尧是有德之君,但巢父却对他的帝位不感兴趣,甚至听了要让位给他的话后还要洗洗耳朵。人各有志,为什么要强人所难呢?"光武帝叹息着离去。后来又邀请严光到皇宫,叙说过去的情谊,一说就是几天。两人睡在一张床上,严光的脚放在刘秀的肚子上。第二天早晨,太史入宫奏报说:"大事不好,昨夜有客星侵犯了帝星的位置!"光武帝笑着说:"不必惊慌,朕昨夜与故人严光同榻而卧罢了。"

百帝图

拒关赐布

光武帝刘秀有一次出外去打猎，只想着追捕猎物，越走越远，等到要返回，已是日薄西山了。刘秀很着急，便带着随行人等快马加鞭朝回赶，紧赶慢赶，等到看见洛阳城的轮廓，夜已经很深了。刘秀直奔正前方的上东门，不用说，上东门早已紧紧关闭。光武帝让人叫门，上东门侯郅恽拒不开门。光武帝心想门官大概看不清，所以不开门，便让左右随从的人走到城门中间，好让城上的人能够看清。可是郅恽却说："深更半夜的，灯火离的又远，难以辨清真假。"还是不开门。光武帝实在没有办法，便带人又绕到东中门，叫开城门回到宫里。

第二天一大早，郅恽又上书劝谏说："陛下为了打猎，深入遥远的山林不说，还要到深夜才回来，万一有个闪失，将会愧对社稷宗庙，望陛下三思。"光武帝看了奏章，认为说得很对，赐给郅恽布百匹，而对东中门侯则给予降职处罚。

百帝图

夜分讲经

　　汉光武帝刘秀虽然是凭着多年马上征战而取得天下，可是他清醒地意识到，要守住天下，就非得研究儒家经典，从中汲取安邦治国之道不可，因此天下刚一平定，他就着手钻研典籍。可是当时百废待举，诸事繁忙，每天都有大量公务需要处理，很难抽出时间。光武帝便想出一个办法，每天退朝后，召集一些对经籍有研究的公卿大臣在一起探讨经书中的道理，君臣们互相切磋，经常谈到半夜时分，方才各自歇息。皇太子见光武帝如此辛劳用功，怕损害他的健康，就委婉地劝谏说："陛下这样不辞劳苦地钻研，固然有大禹和成汤那样的圣明，可是却享受不到黄帝和老子清净无为的福分，我劝您还是注意劳逸结合，多一些安闲自得。"光武帝笑着说："你的好意我都明白，只是我觉得钻研经书是一种乐趣，并未觉得有多疲劳。"

百帝图

赏强项令

　　光武帝刘秀在位时，有个洛阳县令叫董宣，为官刚正不阿，很得百姓的拥护。有一次光武帝的姐姐湖阳公主家的仆人在光天化日下杀了人，躲在公主家中，官府无法抓他。董宣便带着差人天天在公主府前等候，一天公主出行，此人藏在公主车子上，董宣上前拦住公主的车子，手里提着刀，一边大声数说着公主的过失，一边喝令那位仆人下车，手起刀落，将其斩于公主面前。公主大惊失色，恼羞成怒，二话不说，气冲冲地跑回宫中去见光武帝，光武帝大怒，命人将董宣叫来，要将他乱棍打死。董宣叩头说："陛下靠圣德中兴汉室江山，如果放纵恶奴杀人，又怎么能让天下人都遵守法度呢？臣不必等陛下叫人用乱棍打死，臣这就自杀罢了！"说着便把头朝柱子上撞去。光武帝见他说的有理，赶紧命人拉住他，并要他向公主叩头谢罪，不料董宣硬是不肯叩头，光武帝又有些恼火，让人将他的头使劲朝下按，好一个董宣，硬是用双手撑地，直着脖子，始终不肯叩头。光武帝见此光景，便不再勉强，放他出去。为了奖赏这位强项县令的耿直，特意赐钱三十万。从此，董宣强项的名声便传扬开来，那些皇亲国戚、地方豪强都被震慑住了，再也不敢以身试法。

百帝图

临雍拜老

东汉明帝刘庄是汉光武帝刘秀的第四个儿子,光武帝驾崩后,他继承帝位。登极不久,也就是永平二年(公元59)十月,为了表示对年高德勋之人的尊重,汉明帝于辟雍举行养老礼仪,这种仪式要先选出代表所有年高位尊者的"三老"和"五更"。所谓"三老"本来是汉高祖刘邦所设的一种乡官,是乡曲中见多识广、足以教化诱导众人的长者。朝廷中选"三老"是一种象征意义,要在三公中选一位年纪较长、德行深厚的人。所谓"五更"指通晓五行更替、阅历丰富的老人。朝廷中选"五更"要在卿大夫中选择。汉明帝这次选的"三老"是老臣李躬,而"五更"则是自己的老师桓荣。仪式开始后,明帝要像儿子事奉老子一样事奉三老,要像弟弟事奉兄长一样事奉五更。明帝早早先驱车赶到辟雍礼殿,然后用安车迎接三老、五更。等三老、五更的车驾到达后,明帝要到门口迎接礼拜。然后宴会开始,明帝要亲自为三老、五更敬酒。仪式结束后,明帝还要广施恩泽,赐天下所有三老每人酒一石、肉四十斤。至于李躬和桓荣二人更是恩宠优渥,李躬从此日起终身享受二千石官员的俸禄,桓荣赐爵关内侯,食邑五千户。

百帝图

爱惜郎官

汉明帝是一位比较开明而且律己甚严的皇帝,他能够时时注意体察民情,关心民众疾苦,尽量减轻百姓负担。每到发生水旱灾害时,他就下诏罪己,深刻反省自己的失政之处,清理冤狱,赈恤贫民。在政治上他十分注重整顿吏治,革除流弊。重大政治制度基本上都沿袭光武帝刘秀的旧制。例如刘秀当初为了革除前代权臣当道、外戚把持朝政的积弊,曾立下一条规矩,就是后宫之家不得封侯参与朝政。汉明帝把这一条奉为金科玉律,丝毫不敢违背。有一次,他的姐姐馆陶公主想为自己的儿子谋得一个郎官的职位,去向汉明帝求情。汉明帝当即回绝了。为了照顾姐姐的面子,他又赐钱千万作为补偿。在朝堂之上,当着众大臣的面,汉明帝道出了他回绝馆陶公主的原因,他说:"郎官的职位虽然不算高,可是却与天上的星宿相互对应,到地方上去任职则要管理方圆百里的百姓。如果用了不合适的人选,那么老百姓就要深受其害了,因此上我舍不得将这个职位轻易送人。"

百帝图

君臣鱼水

　　三国时候的诸葛亮胸怀经邦济世之志，一心要大展鸿图，可是当时天下大乱，群雄并起，一时难见分晓，他只好隐居于襄阳隆中，待时而动。刘备听说有诸葛亮这样的人才，马上亲自前去拜访，先后去了三次，才见到诸葛亮。诸葛亮被刘备的诚心感动，决定尽心尽力辅佐刘备。他向刘备精辟地分析了当时的天下大势，建议刘备北拒曹操，占据荆州，西取巴蜀，以图霸业。刘备认为他的见解十分高妙，心中非常高兴，终日与他畅谈，越谈越投机，两人都有相见恨晚之感。刘备的结义兄弟关羽和张飞见刘备和这位山野隐士关系如此亲密，心里有些不高兴，言语上也颇多埋怨之词。刘备开导他们二人说："我得到孔明，就像鱼儿有了水，鱼没有水难以生存，我没有孔明就成就不了复兴汉室的大业。你们不必多言！"

百帝图

焚裘示俭

　　晋武帝司马炎建立晋朝后，鉴于曹魏后期宫廷过于排场奢华，因而特别注意节俭，他提出"制奢侈以变俭约，止浇风而反淳朴"的口号，决心革除曹魏时期的流弊。这年开春，要举行籍田仪式，侍从禀报说，牵牛用的青丝绳断了，准备再换一条新的青丝绳。晋武帝不同意，他说："牵牛耕田，换一根麻绳照样可以，何必一定要用丝绳呢？"不仅如此，晋武帝以此事为契机还发布了一道诏书，来说明节俭的重要。在诏令中，禁止乐府上演奢华的歌舞，禁止在华林园里再搞"水转百戏"，还把用作打猎取乐的器具全部没收。另有一次，太医司马程据用野鸡头上的羽毛织成大衣，献给晋武帝。晋武帝认为如此华丽之物会助长奢靡之风，便命人当场将大衣烧毁，并下诏不许再进献奇珍异服。由于晋武帝的身体力行，在他执政的前期，完成了统一全国的大业，结束了东汉末年以来豪强割据、三国鼎立的局面，甚至出现了被誉为"天下无穷人"的"太康之治"。不幸的是，在晋武帝执政的后十年，完全变成另一个人，他开始铺张奢靡，沉溺女色，朝中大臣也上行下效，竞相攀比，如在历史上臭名昭著的"石崇与王恺斗富"闹剧，就发生在此时。丞相何曾每天吃饭费钱一万，还要慨叹："连下筷子的地方都没有！"奢侈之风愈演愈烈，导致政治腐败，世风日下，终于导致了西晋王朝的灭亡。

百帝图

留衲戒奢

　　南朝宋武帝刘裕出身微贱，幼年时家中贫困，曾经做过贩履、种地、捕鱼等营生，还经常到长江中的新洲上去割芦荻，穿的是一件打满补丁的衲袄，那是他的结发妻子也就是后来的臧皇后亲手缝制的。刘裕代晋称帝后，一直舍不得扔掉那件衲袄，为了让子孙知道创业的艰难，他把衲袄交给长女会稽公主，说："后代子孙如有奢侈骄纵的，就把这件衣服拿给他看。"而刘裕自己更是身体力行，清简寡欲，他的宫室中没有珠玉珍宝，后庭没有丝竹之音。长史殷仲文劝他设置音乐，他说："没有时间听，再说也听不懂。"仲文说："听得久了自然能懂。"刘裕说："正是害怕听懂了会沉迷其中，所以不愿意听。"有一次宁州献来一块虎魄枕，晶莹绚丽，价值超过百金。恰巧当时准备北伐，而虎魄对疗治创伤有奇效，刘裕便将枕头打碎分赐给诸将。又有一次，别人知道刘裕患有热病，坐卧都必须有冰凉之物，便献给他一张石板床，刘裕躺在上面觉得很舒服，可是他转念一想，木床尚且十分昂贵，何况是石床呢！马上命人毁掉了石床。刘裕平定关中时，得到后秦皇帝姚兴的侄女，见其姿容艳丽，便纳为宠妃，因此而耽误了军政大事，谢晦对他提出劝谏，他马上省悟，将此女遣送出宫。

百帝图

弘文开馆

唐太宗李世民十分注重文化学术事业，在他即位不久，就在正殿旁置弘文馆，收集经史子集四部书籍二十多万卷，挑选天下文学之士虞世南、褚亮、姚思廉、欧阳询、蔡允恭、萧德言等人，保留其原有官职，同时兼任弘文馆学士。凡是弘文馆学士要轮流在弘文馆中值班。每天退朝后，太宗便把这些学士请入内殿，与他们讨论经典中所讲的道理，评议古人的言论和行事，通过总结历史来探讨治国安邦的方略，经常要讨论到半夜。唐太宗为了网罗更多的儒学人才，特别于贞观二年下诏大收天下儒士，赐给绢帛，并用驿车接到京城，按其文才择优录用。学生只要精通一部大经，就可以授予官职。为了满足需要，国学增建学舍四百余间，国子、太学、四门、广文也增置生员。太宗多次亲临国学视察，让祭酒、司业、博士讲解经书，事后每人都赐以束帛。在太宗的感召下，各地的读书人纷纷背着书籍来到长安，总数不下数千人。特别是吐蕃及高昌、高丽、新罗等诸夷酋长，也都派子弟来长安求学。一时间，儒学呈现出空前繁盛的局面。

百帝图

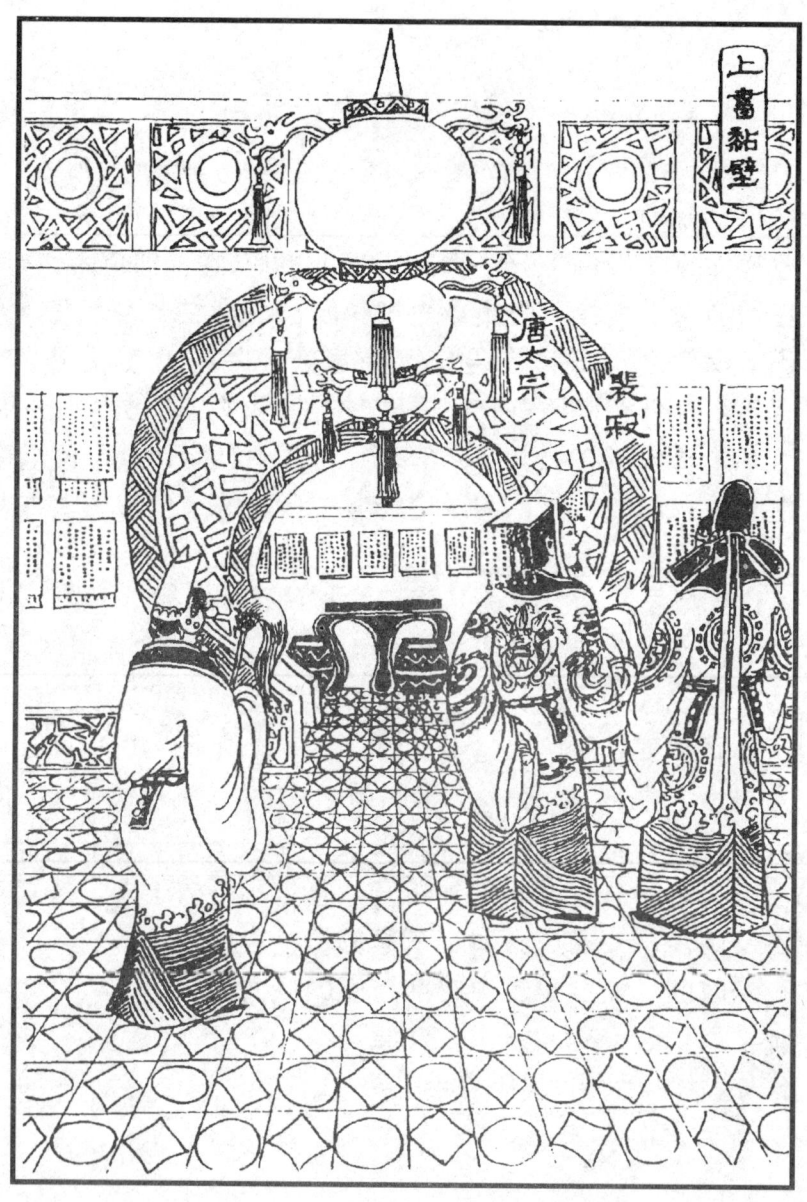

上书粘壁

唐太宗是一代明君，很善于听取臣子的谏言，称得上是从谏如流，虚怀若谷。他要求朝廷官员大胆进谏，"不得妄有畏惧，知而寝默。"为了彻底打消大臣们的顾虑，鼓励他们多提意见和建议，唐太宗用心良苦。由于唐太宗威容严肃，百官在进见时心里都很紧张，时常会手足无措，有的奏事时张口结舌，语无伦次。太宗意识到这一点后，就很注意自己的表情，每当大臣向他奏事时，他都尽量和颜悦色地耐心听取。经过许多努力，人们进谏的积极性和主动性被充分调动起来。唐太宗对于人们的上书十分重视，有一次，他对司空裴寂说："近来上书奏事的人很多，我将各衙门呈递上来的奏章，全部粘贴在屋子的墙壁上，这样我每天出来进去都可以看看，思考其中所说的道理，直到深夜才上床安歇。你们是朝廷重臣，也应当恪尽职守，才不辜负我的一片苦心啊！"关于唐太宗纳谏还有许多佳话，最受太宗赏识的谏官大概要算魏征了，魏征多次犯颜直谏，使太宗得益非浅。魏征死后，唐太宗痛惜地说："以铜为镜，可以正衣冠；以古为镜，可以知兴替；以人为镜，可以明得失。朕常保此三镜，以防己过。今魏征殂逝，遂亡一镜矣！"

百帝图

纳箴赐帛

　　唐太宗鼓励群臣进谏，臣子们也都诚心实意地提出许多好的意见和建议。有一个中书省的官员叫张蕴古，经过认真思考，总结古今帝王容易犯的一些过错，写成一篇《大宝箴》，意思是对至高无上的皇帝的劝戒和规箴，大宝代表皇位。其中是这样说的：从古到今，上观下察，只有国君可以造福。做一个君主也实在太难，要接受上天的差遣，拯危救难，有罪归于自己，施恩及于人民。不要以为上天无知，它可以居高而听下；不要以为小事没有什么害处，积小害可以酿成大祸。享乐不可太甚，过分享乐就会产生悲哀。私欲不可放纵，放纵私欲必定成灾。宫室修得再宏大，所居住的地方不过只能容得下膝盖。那些昏庸无知的君主，用美玉砌成楼台，用琼玉装饰宫殿。桌前摆着各种山珍海味，所吃不过填饱肚子而已。由于狂妄的念头，把酒糟堆成山，把酒浆汇成池。不要在外迷恋于游猎，不要看重那些难得的珍宝，不要听亡国的邪音。不要以为自己尊贵，就看不起和慢待贤能之士，不要以为自己聪明睿智，就拒绝别人的劝谏。安抚那些心怀异志的人，有如春天的阳光和秋天的雨露；处理各种政事，应当像踩着薄冰和面临深渊。"唐太宗认为这篇《大宝箴》说得很好，就赐给张蕴古许多绢帛，擢升他为大理寺丞。

百帝图

纵鹊毁巢

唐太宗不但能虚心纳谏，而且对那些五花八门的所谓祥瑞之兆也不屑一顾。有一年，白鹊在寝殿前的槐树上筑了个奇怪的巢，是两个巢紧紧连在一起，就像一个腰鼓。左右侍臣认为这是吉祥之兆，都来道贺。太宗说："我过去经常取笑隋炀帝喜好祥瑞，最终却导致亡国。真正的祥瑞是得到了贤才，至于这个鸟巢，有什么可庆贺的！"命人马上把白鹊赶走，毁掉了鸟巢。唐太宗在贞观二年（628）九月还说过："近来不断有群臣上表报奏祥瑞，其实百姓家给人足了，哪怕没有瑞兆，也堪称尧舜盛世；百姓愁苦抱怨，哪怕祥瑞再多，也无异于桀纣乱世。北魏时期，天下到处是祥瑞，以至于官吏烧的是连理木，煮的是珍贵的白雉，可是当时战乱频仍，难道称得上天下太平吗？"唐太宗的见解确实高明！无独有偶，在唐太宗之后，延载元年（694）九月，武则天也曾在朝堂上拿出一枝梨花，给身边的宰相看，宰相们大多数都认为是吉兆，只有杜景俭说："现在已是深秋时节，草木黄落，而此花独发，说明阴阳之气不合，国家政事存在弊端，究其根源，应该怪臣等失职。"说毕连连向武则天谢罪。武则天以赞许的口吻说："卿才是名副其实的宰相啊！"

百帝图

敬贤怀鹞

唐太宗李世民与大臣魏征的关系十分微妙,魏征尽管貌不惊人,可是很有胆略,善于规劝,先后向太宗陈谏过二百余事。唐太宗对魏征十分敬畏,有一次太宗得到一只很好的鹞子,心里十分喜爱,就架在臂膀上把玩,正玩得高兴,远远望见魏征来了,赶紧把鹞子藏在怀中,然后装出一副若无其事的样子。魏征其实早就看到了鹞子,他故意拖延时间,一连说了好几件事。等到魏征走后,太宗把鹞子拿出来一看,那鹞子已经被活活闷死了。又有一次,太宗打算去南山游玩,车驾都准备好了,忽然听说魏征要去祭扫祖坟,也要去南山方向,太宗便打消了游玩的念头。魏征问他说:"听说陛下要去南山,为什么没有去?"太宗说:"怕你生气,所以没有成行。"由于太宗严于律己,朝臣也都敢于规谏太宗的过失。有一次太宗遣使到凉州,凉州都督李大亮有一只上好的鹰,使者便暗示李大亮把鹰献给太宗。李大亮很聪明,秘密向太宗上表说:"我知道陛下很早就停止出行打猎了,现在使者要这只鹰,如果是陛下的意思,显然与以前的旨意不合;如果是使者自己的意思,就说明这个使者不够格。"唐太宗对身边的人说:"李大亮真是个忠直之人啊!"下诏褒奖,并把自己的一件胡瓶和荀悦所撰《汉纪》一书赐给李大亮。

百帝图

览图禁杖

唐太宗有一天翻看医书，看到一幅《明堂针灸图》，上面标着人体各个脏器和穴位的位置，太宗发现人的心、肝、脾、肺、肾等五脏六腑，基本上都附贴在人的背部，他忽然联想到行刑，经常要打人后背，如果用力过大，就会震伤五脏，危及人的性命。于是他下诏规定，天下各官府衙门，从今以后不许杖击囚犯的后背。

唐太宗的举动使人联想到春秋时的齐国大夫晏婴，他看到齐景公滥施酷刑，动辄砍掉犯人的双脚，心里很焦虑，总想找机会劝谏，有一天，齐景公问他说："你住的地方距离集市很近，你可知道什么东西昂贵、什么东西便宜吗？"晏子回答说："集市上供无脚人穿的踊非常昂贵，而正常人穿的鞋子却很便宜。"齐景公一听很受震动，马上下令放宽刑罚。到西汉文帝时，彻底废除了摧残人肢体的肉刑。

还值得一提的是，宋神宗在位时，大臣韩绛竟然建议恢复肉刑，还有人准备对开封府的死囚犯施以剕刖之刑，后来大臣吕公著等人坚决反对，才没有实行。

唐太宗禁止击打犯人后背，无疑是古代刑罚制度上的一大进步，充分体现了唐太宗宽仁的一面。

百帝图

主明臣直

　　唐太宗能够虚心纳谏，与长孙皇后也很有关系。这位长孙皇后是隋右卫将军长孙晟之女，十三岁便嫁给李世民。生性仁孝俭素，喜好读书，经常与唐太宗探讨政事，出谋献策，深得太宗的爱敬。长孙皇后十分赏识魏征。贞观六年（632），长乐公主将要出嫁，太宗因其为皇后所生，特别宠爱，便让官吏筹办了比当初高祖李渊之女永嘉长公主多一倍的嫁妆。魏征就劝谏说，当初东汉明帝封皇子，封域只及先帝儿子的一半。现在陛下这么做，不是很不合适吗？太宗认为言之有理，就告诉了皇后，长孙皇后感叹说："以前不知道陛下为什么那么器重魏征，从这件事看，魏征确是社稷之臣呀！"

　　又有一次，太宗退朝后回宫，生气地说："我非杀了这个乡巴佬不可！"长孙皇后赶紧询问是怎么回事，太宗说："魏征经常在朝堂上当众让我难堪，我实在咽不下这口气。"长孙皇后一听二话没说，退了下去，不一会儿身穿朝贺的袍服站在太宗面前。太宗吃惊地问其原由，长孙皇后说："妾听说主上圣明则臣下忠直。现在魏征这么直言敢谏，说明陛下无比圣明。君明臣直，千载难逢，国家盛事，妾敢不道贺吗？"唐太宗一听这话，才转嗔为喜。

百帝图

纵囚归狱

唐太宗十分重视刑法的公正，早在贞观元年，他就曾对侍臣说："死者不可能复生，量刑执法务必要做到宽简。"他要求慎重对待死罪的判决，凡是大辟罪必须由中书门下四品以上及尚书九卿商议决定。贞观四年，天下判处死罪的总共只有二十九人。贞观六年，太宗更是亲自审察囚犯，对于那些判了死罪的人，心中很是怜悯，不忍心马上处死，于是命人将他们全部释放，让他们回家去和父母妻子团聚一段时间，规定到下一年秋天，必须前来受死。有的官员担心这些人会一去不返，逃之夭夭。可是太宗却很自信，断定这些死囚犯一定会如期返回。不仅如此，他索性下令将天下的死囚犯全都暂时放回家，也限定明年秋天前来报到。到了第二年秋天，那些被暂时释放回家的死囚犯一共有三百九十人，都感激太宗的不杀之恩，不用人去督催，全部在规定的期限内来到朝堂报到，等候处决，没有一个人逃亡隐匿。太宗见这些囚犯如此守约，龙颜大悦，更不忍心杀死他们了，干脆全都免去死罪。

百帝图

望陵毁观

贞观十年，长孙皇后去世，唐太宗十分悲痛，他追念皇后的种种好处，不能自已。皇后葬在昭陵，太宗思念皇后之心一天比一天强烈，于是便在禁苑中建起一座高高的台观，只要一想念皇后，就登上高台朝西北眺望昭陵，望着望着，心情才会好一些。有一天，太宗心血来潮，要魏征同他一起登上台观，朝着昭陵遥望。魏征心想，太宗这样做实在有些欠妥，因为高祖葬在献陵，太宗只字不提对高祖的追思哀悼，一心只在皇后身上，这显然是厚于后而薄于父皇，于礼不通。魏征心里很是矛盾，他有心要劝谏一番，看到太宗那种痴迷的神态，他又有些不忍；不劝谏吧，自己心里又不痛快。他思来想去，决定巧妙地向太宗进谏。主意打定，当太宗让他朝北看时，他故意朝着献陵方向眺望了一阵，对太宗说："臣年老昏花，看不清楚。"太宗便指给他看昭陵。魏征装出什么都不知道的样子说："臣以为陛下在望献陵，原来陛下是在望昭陵呀，臣早就看见昭陵了！"太宗一听这话，马上意识到自己的错失，不由得老泪纵横。事后太宗命人拆毁这座台观，从此不再眺望昭陵。

百帝图

撤殿营居

　　唐太宗对于能够尽忠直谏的魏征很是敬重，经常从生活起居各个方面关照魏征，贞观十六年（642）七月，太宗听说魏征所住的私宅只有旁屋，没有厅堂。正好宫中准备建一座小殿，木料砖石均已齐备。太宗马上下令停止建造小殿，将材料用来为魏征建造厅堂，五天就建好了。太宗还赐给魏征素屏风、素褥、木几、竹杖等物，以满足魏征崇尚俭朴的心理。魏征非常感动，特意上表谢恩。太宗手诏答曰："我为卿做这些事，完全是为江山社稷和黎民百姓考虑，根本不是你一个人的事，你又何必多谢呢？"太宗这些话说的也确是实情，当时魏征已经六十二岁，身体一直不好，太宗希望魏征能多为朝廷出力，甚至就在魏征病重之时，还要任命魏征做太子太师，当魏征以病体沉重推辞时，太宗坚持说："太子是社稷的根本，必须有人教导他。卿既然有病，可以躺着辅佐太子。"魏征无奈，只好就职。不久，由于积劳过甚，一代名臣魏征撒手人寰，真可谓是鞠躬尽瘁，死而后已。

百帝图

面斥佞臣

　　唐太宗对待忠直之士爱敬有加,对待阿谀逢迎之辈毫不留情,当面斥责。有一次,太宗退朝后信步闲游,走到一棵树底下,见这棵树枝叶茂盛,心里十分喜爱,禁不住止住脚步,仔细观赏起来。这时候正好殿中监宇文士及在场,他平素善于察言观色,见风使舵,此时见太宗看着这棵树出神,口中还啧啧赞叹,他马上借机阿奉太宗,搜肠刮肚,用各种好听的话夸奖这棵树,说得天花乱坠。太宗本来兴致正好,忽然听到宇文士及在一旁絮絮叨叨,心里十分反感,面上露出不悦之色,他当即不客气地指着宇文士及说:"以前魏征经常劝我远离奸佞小人,可是我却不知道究竟谁是奸佞小人,我早就觉得你有些像佞幸小人,今天看来,就这么一棵普通的树木,哪里值得夸赞,你却曲意逢迎,不是佞幸小人又是什么!"宇文士及被太宗一顿斥责,简直无地自容,赶紧诚惶诚恐地叩头谢罪。

百帝图

剪须和药

　　唐太宗很会笼络人心，特别是善于利用一切机会动之以情，使文臣武将都能忠心耿耿地为其效力。开国功臣李世勣有一次身患重病，病势来得很急，身边的人都束手无策。这时，有人介绍了一种偏方，说是用人的胡须烧成灰，冲水服下可治此症。太宗知道后二话不说，剪下自己的胡须为李世勣治病。李世勣痊愈后，感激太宗的恩德，叩头出血，哭泣着致谢。太宗说："我这是为江山社稷考虑，并不是替你个人着想，何必要谢呢？"又有一次李世勣陪唐太宗饮宴，太宗对世勣说："我一直在群臣中物色可以托孤的人，发现你是最合适的人选，你从前在瓦岗寨不辜负李密，现在难道会辜负我吗！"一番推心置腹的话说得李世勣感激涕零，不知说什么才好，只是一个劲儿咬自己的手指，把指头都咬出了血。当晚，李世勣喝得酩酊大醉，就在宫中昏昏沉沉地睡着了。唐太宗怕他着凉，特意脱下自己的衣服为他盖上。

百帝图

遇物教储

唐太宗作为一代贤君,对教子一事是相当重视的,可是命运却和他开了个玩笑。起初他对太子承乾抱有厚望,安排了朝中的贤臣做太子的老师,希望太子能够成为有德之人,可是太子承乾却令他大失所望,乖戾失德,最终被废。李治随之被立为太子,太宗痛定思痛,决心好好对其进行教诲,他想尽办法,利用一切场合对李治开导启迪。看到李治进膳,就对他说:"农夫终年勤苦劳作,才打下这些粮食,你一定要体恤农人的艰难,不误农时,才不至于遭受饥饿之苦。"看到太子乘马,就对他说:"马匹可以替人做许多事,你一定要知道马的辛苦,在驱使它们时不要使其力竭,有劳有逸,才能永远驱使它们。"看到太子乘舟,就对他说:"民众就好比是水,君主就好比是舟,水可以载舟,也可以覆舟,一定要谨慎行事!"看到太子在一棵枝干弯曲的树下歇息,就对他说:"此木虽曲,得绳则直。帝王有过失不怕,只要能听从劝谏就可以变得圣明。"

百帝图

遣归方士

唐太宗尽管很有政治头脑,堪称一代英主,但是像历史上的许多皇帝一样,他也希望长生不老,青春永驻。有一年,从天竺国来了一位方士,名叫娑婆寐,声称来向大唐皇帝进献长生不老之术。唐太宗见那人形貌不凡,颇有几分世外高人的气概,便有几分相信。他根据这位方士的建议,派使者到婆罗门等国采来各种奇异的药石,然后请这位高人为他制药。没想到这位高人忙碌了多日,也没有制出所谓的长生不老药。太宗无奈,只好把方士遣送回国。等到唐高宗李治即位,那位方士又来到长安,这一次高宗没有听信他的一番说教,而是径直将他拒之门外,不许他进见,并勒令他限期返回天竺。高宗对宰相说:"自古以来哪有神仙,秦始皇、汉武帝苦苦求索,终究一无所获。如果真有不死之人,现在到底在哪里呢?"李世勣回答说:"我注意到这位方士这次来,容颜衰老,头发变白,与上次来时大不一样,怎么会长生呢?"后来那位方士果然还未来得及动身,就客死在长安。

百帝图

焚锦销金

唐玄宗李隆基初即位时,对于当时奢侈浮靡的社会习尚很看不惯,决心移风易俗,兴利除弊。他下诏说:"宫廷中的车马服饰,以及金银珠宝,全部交由有关衙署进行销毁。然后将这些金银充作朝廷的日常用度和军费开支。朝廷府库中积存的珠玉、锦绣,都搬到殿前当众焚毁,表明今后不再使用。为了给外面人树立榜样,后宫中的后妃以下人等,一律不得穿用装饰有珠玉锦绣的华丽服装。天下官民人等,今后再不许采取珠玉珍宝,也不得织造锦绣等物。两京旧有的织锦纺,也应尽行取缔,不得再行开业。"唐玄宗这道诏令是特定时代背景下的产物,很有点矫枉过正的意味。究竟起到了多大作用不得而知,我们能知道的是,唐玄宗后来恐怕早就把这道诏令的内容忘得一干二净,他穷奢极侈,变本加厉,生活糜烂,朝纲弛坏,终于以奢取败,造成战乱骤起,大唐国运中衰。

百帝图

委任贤相

开元元年（713）十月，唐玄宗任命姚崇为宰相，这已是姚崇第三次当宰相了，前两次分别是在武则天和唐睿宗朝为相，姚崇精通为政之道，行事果断，又具有军事才能，每次任宰相，都兼任兵部尚书，对唐朝边关的兵力部署、城防要塞、士马军械储备，全都了如指掌，熟记于心。玄宗励精图治，遇事都要询问姚崇，姚崇总是应声回答，滴水不漏，其他群臣只能是随声附和而已。玄宗对姚崇信任有加，赋予他很大权力。有一次，姚崇向玄宗请示有关提拔郎吏的事宜，玄宗只是抬头看着大殿的屋顶，一言不发。姚崇感到很纳闷，接连又问了几次，玄宗始终不开金口。姚崇这才有些害怕了，他拼命在想，自己究竟在什么地方犯了忌讳，惹得圣上生气了。他一边胡思乱想，一边叩头谢罪，走出大殿。这一幕被高力士看在眼里，他劝玄宗说："陛下刚刚掌握大权，宰相奏事，应当立即表态才是，为什么毫无反应？"玄宗这才道出原委："我既然委任姚崇处理一切政务，那么只有大事他才应当奏报，与我共同商议决定。至于像提升郎吏这样的小事，如果也要不厌其烦地一一奏报，岂不是要把我烦死！"高力士这才恍然大悟，正巧他去尚书省传旨，顺便对姚崇转述了玄宗的话，姚崇这才转忧为喜。而知道这件事的人无不佩服玄宗深得为君的要领。

百帝图

106

兄弟友爱

　　唐玄宗有一个很大的特点，就是与其兄弟的关系十分融洽和睦。初登帝位后，玄宗便让人制做了长枕大被，与大哥李宪、二哥李㧑、四弟李范、五弟李业兄弟五人同榻而眠，饮食起居，都不分离。为了共享兄弟天伦之乐，特意把兴庆坊的五王宅改建为兴庆宫，让兄弟们在周围环联居住。又建造了花萼相辉楼，他经常登楼眺望兄弟住宅，或召兄弟登楼宴饮，同榻戏闹。玄宗早朝时，四兄弟在侧门朝见，以申君臣之礼。等到卷帘退朝后，马上就不分彼此，一同回宫听乐观舞，打球斗鸡，或者去郊外打猎，露营野餐。兄弟中如果有谁生病，玄宗就会急得终日不吃不喝，彻夜难眠。有一次，薛王李业身患重病，玄宗正在临朝听政，赶紧派使者探视病情，一会儿功夫使者就往返了十次。玄宗还亲自为李业煎药，炉子里的火苗被风一吹，烧着了玄宗的胡须，左右急忙上前扑救，玄宗说："只要薛王服了此药可以痊愈，我这胡须有什么值得爱惜的！"令身边的人和薛王大为感动。

百帝图

召试县令

开元四年（716），有大臣向玄宗奏报说，今年的官吏铨选把关不严，所任命的县令多数都不称职。玄宗感到问题严重，决定亲自过问这件事。他把当年吏部新任命的二百多名县令召集到大明宫含元殿以北的宣政殿，亲自出题考试，考察这些人的治理才能。考试结果，只有鄄城县令韦济的答卷文词和道理都较出色，名列第一，升为醴泉县令。另有二十余人文才平平，不太令人满意，玄宗让他们暂且留任原职。还有四十五人完全是滥竽充数，玄宗将他们放归故乡，重新习读。玄宗敕令在京城长安的五品以上的官员，以及在外地任职的刺史，每人举荐一名政绩突出、才能出众的好县令，然后跟踪考察被举荐人的政绩好坏，如果政绩优等，就奖赏举荐人；如果政绩平平，或徒有其名，就要处罚举荐者。通过这些措施的实行，玄宗朝的吏治有了很大起色，生产力得到进一步发展，社会财富不断增加，国力空前增强，创造了举世无双的"开元之治"。

百帝图

110

听谏散鸟

唐玄宗曾经派宦官到江南去搜罗珍奇的水鸟,想取回来放养在禁苑中,以便观赏。这些宦官所到之处,对当地百姓扰害很大,引起当地吏民的极大不满。汴州刺史倪若水就上书进谏说:"如今江南老百姓衣食不足,生活相当贫困,加上农耕繁忙。朝廷在这个时候派人去搜罗禽鸟,经过水路陆路多次转运,辗转运到京城,很是劳民伤财。沿途人们看到了,肯定会议论说陛下看重禽鸟而轻贱人民。眼下百废待兴,陛下应当把凤凰看作凡鸟,把麒麟看作凡兽,更不用说这些水鸟了,有什么稀罕的呢?"玄宗认为倪若水说的很好,亲手草手诏褒奖,赐给他绢帛四十段。第二天,玄宗便下令停止往江南等地搜罗珍贵禽鸟,已经捉到的水鸟也一律放掉。大概帝王都怕背上"重鸟轻人"的恶名,这使人联想到春秋时的齐景公,他喜欢用绳系着箭射鸟,派烛雏负责养鸟,可是鸟却死了。景公一气之下要杀烛雏。晏子劝谏说:"请先让我历数烛雏的罪过然后再杀他。"于是把烛雏叫来,斥责说:"你替君王养鸟,却把鸟弄死了,这是第一条罪状。使我们君王因为鸟而杀人,这是第二条罪状。使诸侯知道了我们君王重视鸟而轻视人,这是第三条罪状。"景公一听马上赦免了烛雏。

百帝图

啖饼惜福

唐肃宗李亨做太子时，曾在宫中陪侍唐玄宗进膳，席间端上来一道菜，是烤熟的小羊腿，热腾腾，香喷喷，让人馋涎欲滴。玄宗看着太子，让他取刀子割肉，太子便操起餐刀切下一大块羊肉，递给玄宗。这只羊腿很肥，刀子上沾满了羊油。太子便顺手拿起一块饼，把刀子上的羊油揩拭干净。玄宗先是一愣，两眼盯着太子看了半天，脸色变得阴沉起来。太子毫不察觉，从容地举起饼，放进口中吃了起来。玄宗这才露出满意的笑容，对太子说："人一生福禄有限，应当像这样爱惜才对！"

百帝图

烧梨联句

　　唐肃宗广罗天下贤才，忽然想起处士李泌很有才能，以前曾在东宫侍奉过当时还是太子的他，后来因遭杨国忠忌恨而遁隐名山。肃宗派人四处寻访，终于在衡山找到了，便把他接到灵武，安顿在内殿居住。在一个寒冷的夜晚，肃宗与李泌及诸王围着地炉而坐，肃宗亲手烧了两个梨赐给李泌，颖王年幼不懂事，仗着肃宗宠爱，硬要这两个梨。肃宗不答应，说："你整天饱食肉味，先生辟谷绝食，不吃烟火食，所以我才烧梨给他吃，你何必要争？"颖王这才罢休。这时诸王建议大家一起联句吟诗，于是颖王先说："先生年几许，颜色似童儿。"信王接着联道："夜枕九仙骨，朝披一品衣。"这时另外一王吟道："不食千钟粟，惟餐两颗梨。"肃宗兴致勃勃地吟道："天生此间气，助我化无为。"

　　从此以后，肃宗把李泌留在身边，出则联辔，寝则对榻，事无巨细都要同李泌商议。肃宗要拜李泌为右相，李泌坚决不从，肃宗只好暂时待之以宾友。可是有一次行军途中，肃宗听到身边的军士指着他和李泌说："穿黄衣的，是圣人；穿白衣的，是山人。"肃宗心有所感，便硬性任命李泌为官，李泌这才勉强受命。后来李泌尽心尽力，为肃宗收复长安和洛阳立下了汗马功劳。

百帝图

不受贡献

唐宪宗李纯刚刚即位的时候，郭皇后的母亲升平公主就向宪宗献上五十名宫女，供宪宗在宫中差遣使用。宪宗当即表示拒绝，他说："我父皇顺宗皇帝在位时，就不随便接受别人的贡献，我怎么敢违背先皇的初衷呢？"让人将这些宫女遣送回去。过了没几天，荆南地方又献来两只绿毛龟，宪宗同样加以拒绝，下诏说："我常常思考治理天下的根本所在，意识到只有贤才最为宝贵，任用了贤能的人，就能使国家长治久安，百姓安居乐业。至于嘉禾、灵芝、珍禽奇兽等，都是徒有外表，毫无实际用途。我发现孔子作《春秋》，全书并未记载一件祥瑞之事，大概也是出于这种考虑吧。从今以后，凡有嘉瑞，只许汇报给主管官员，不得上表奏闻。珍禽奇兽，也不许进献。"

百帝图

遣使赈恤

宪宗即位的第四年，南方各地遭受严重的旱灾，庄稼歉收，百姓流离失所。宪宗命左司郎中郑敬等为江淮、两浙、荆湖、襄鄂等处各道宣慰使，分头去赈济饥民。郑敬等临出发前，来向宪宗告别。宪宗告诫他们说："我在宫中日常用度，哪怕是一匹布帛，也要登记其数，以免浪费。可是赈济百姓就不同了，要不惜代价，不计所费，花费再大也没有关系。你等此次前去，要理解我的心意，每到一处灾区，要根据受灾程度，核查户口，逐一分发，务必使每个灾民都得到实惠。千万不要像以前奉旨前去宣慰江淮的潘孟阳那样，带着大批随从，前呼后拥，只热中于游山玩水、饮酒作乐而已。那样的话我就太失望了，也必定会受到天下人的谴责。"从这则故事可以看出，唐宪宗还算是个比较清明有为的皇帝，他对百姓的疾苦了解较深，能够设身处地为百姓着想。也许就是凭着这些善政，才使他能够平定藩镇叛乱，重新树立起统一王朝的声威。

百帝图

延英忘倦

元和七年（812）五月，唐宪宗与宰相在延英殿讨论治理天下的道理，直到太阳偏西，大家的谈兴还很浓，宪宗也似乎忘了回宫。那天的天气十分闷热，汗水湿透了宪宗的袍服。宰相李绛、裴度担心皇上御体过于劳累和疲倦，便请求退出。没想到宪宗却意犹未尽，反而挽留他们说："朕回到宫中，每天面对的都是宫女及左右近侍。哪里能碰到贤能之士、听到真知灼见？所以我很愿意与你们这些人在一起谈论治国为政的精妙道理，使我获益匪浅，一点儿也不觉得疲倦。"

百帝图

淮蔡成功

　　元和九年（814），淮西节度使吴少阳的儿子吴元济举兵造反，宪宗马上派将发兵前去征讨。当时诸道节度使中，许多人都暗中支持吴元济，就连朝中宰相李逢吉，也与吴元济勾结，公然替吴元济说话，奏请朝廷罢兵，与吴元济和议。只有御史中丞裴度力主武力征讨。宪宗也下定决心用兵，说："我只需重用裴度一人，就可以击破此贼！"于是任命裴度为宰相，出兵淮西。可是战事并不像预想的那样顺利，官军经过两年征战，仍然进展不大。裴度便自告奋勇要亲临前线督战。宪宗十分高兴，便封裴度为淮西宣慰招讨使。裴度临行前来向宪宗辞行，对宪宗说："臣此番前去，誓灭叛贼，然后回去面见皇上。如果此贼不灭，我将不惜以死报国，决不再回来！"宪宗一听这话，不由得感泣流涕，当场解下自己身上的通天犀带，赐给裴度，为其壮行。裴度到了淮西，宣谕朝廷的威令，督催诸将奋勇击贼，很快扭转了战局，诸将人人争先，不遗余力地向叛军发起进攻。李愬乘雪夜突袭蔡州，生擒吴元济，平定了淮西。韩愈后来奉诏撰平淮西碑说："凡此蔡功，惟断乃成。"意思是平叛的成功，很大程度上取决于宪宗的果断决定。

百帝图

论字知谏

　　唐穆宗李恒是唐宪宗的第三个儿子,在位时昏庸失德,喜欢击毯、奏乐,玩物丧志,不关心朝政大事。他还有一个爱好,就是喜欢书法,兴致所至,常常挥毫写字。他看到翰林学士柳公权的书法,笔力遒劲挺拔而不失柔美,心里十分喜爱,就问柳公权:"卿的字为什么能写得这么好?"柳公权回答说:"写字虽用手,运笔实在内心。心里端正,则笔画自然端正。"穆宗一听这话,默不作声,脸上的神情也一下子变了,他听得出来,柳公权是用运笔写字来一语双关,巧妙地向他进谏呢!

百帝图

屏书政要

唐宣宗李忱是唐宪宗的第十三子，穆宗皇帝之弟。和他哥哥穆宗一样，他当政时间也不算长，从武宗会昌六年（846）到大中十三年（859），在位十三年。他在位期间，骄人的政绩并不很多，不过史书对他却评价甚高，如《资治通鉴》唐纪六十五称"宣宗性明察沉断，用法无私，从谏如流，重惜官赏，恭谨节俭，惠爱民物。故大中之政，讫于唐亡人思咏之，谓之小太宗。"大中二年（848）二月，唐宣宗把唐太宗所撰的《金镜》一书交给翰林学士令狐绹，让他诵读。当读到"乱未尝不任不肖，治未尝不任忠贤"一句时，宣宗让他停下，说："凡是想要天下达到大治的人，都应当首先记住这句话。"又命人将《贞观政要》一书中的精彩内容，抄写在屏风上面，经常神情庄重地拱手站在屏风前，一字一句地认真诵读。

百帝图

焚香读疏

唐宣宗很乐意听到规谏的言论，如果谏官指出他某项政事处理不妥，他马上虚心改正。门下省、给事中等官对皇上的诏敕拥有封驳的权力。有时候觉得诏敕不妥当，就会加以驳正而封还。宣宗虽然认为自己是对的，但又觉得门下省的封驳有一定道理，最终他还是会屈己之意而接受驳议，决不固执己见。平时每当接到大臣所上的奏疏，必定要先焚香净手，然后态度恭谨地展读。

百帝图

敬受母教

宋太祖赵匡胤建立宋朝后,尊奉母亲杜氏为皇太后。太祖拜上尊号,群臣都齐声称贺。太后却显得忧心忡忡,面带愁容。身边的人就问太后说:"臣听说自古以来母以子贵,现在你的儿子做了天子,太后就是天子的母亲,这种尊贵简直到了极点,为什么不高兴呢?"太后说:"我早就听说做皇帝是很不容易的,天子高高置身于亿万庶民之上,如果善于治理民众,那么这个皇位确实尊贵显赫无比。可是假如不善于治国安邦,使得天下出现动荡不安的局面,那时候再想做个安安分分的普通人,无论如何也难以办到。我就是为此而担忧啊!"太祖连连拜谢,说:"谨遵太后的赐教!"

百帝图

解裘赐将

　　北宋乾德二年（964）冬天，宋太祖任命大将王全斌为西川行营前军都部署，率骑兵二万、诸州兵万人，前去征讨后蜀。太祖在汴京城里运筹帷幄，静候佳音。当时正值寒冬，京城下起了大雪。太祖在讲武殿中搭起毛毡帐幕，身上穿着紫貂裘，头戴紫貂帽，正在处理政事，忽然内心一动，对左右的人说："我身上穿戴着这么保暖的衣帽，尚且觉得寒气逼人，想那些西征的将士，顶风冒雪，又没有我这样的衣服，怎么能忍受得了寒冷！"当即将自己身上的皮衣皮帽解下，遣中使火速拿去赐给王全斌。又晓谕全军将士说："官兵所受的辛苦，朝廷无时无刻不在挂念，无奈裘帽有限，不能分发给每个人。"王全斌接到皮衣皮帽，感激涕零，遥对着汴京方向连连拜谢。随后督率全军奋勇向前，很快兵临城下，后蜀皇帝孟昶奉表请降，后蜀宣告灭亡。

百帝图

134

碎七宝器

宋太祖平定后蜀之后，宋军把后蜀的许多珍奇宝物都运到汴京。太祖看到蜀主孟昶所用的镶有七样宝物的溺器，十分生气，命左右将其打个粉碎，说："七宝是珍贵之物，就是用来装饰饮食之具也太奢侈，你现在用它来装饰溺器，不知用什么器物盛饭吃呢？生活是这样的奢侈糜烂，怎么能不灭亡呢？"

百帝图

受言书屏

宋太祖统一天下后，意识到要治理好天下，还是要靠文人。他曾责备开国功臣赵普说："你最大的缺点就是不读书，现在文臣个个满腹经纶，你不惭愧吗？"赵普从此开始重视学习，常常手不释卷。又有一件事使宋太祖对读书人的好感进一步增强。平定后蜀后，后蜀的宫女来到汴京，太祖看到宫女的镜子背后镌有"乾德四年铸"字样，感到很纳闷，因为他的年号就是"乾德"，可是后蜀怎么会用此年号呢？他召来文臣窦仪等人询问，窦仪说："这肯定是前蜀的遗物，前蜀主王衍有此年号。"太祖高兴地说："丞相必须由读书人当！"

宋太祖又听说当时的处士王昭素博学多才，便征聘他为国子监博士，并在便殿与他相见，此时王昭素已经七十多岁了。太祖让他讲《易经》的乾卦，讲到"九五飞龙在天"，昭素便引经据典，对太祖进行讽谏。太祖很满意，问他治国和养生的秘诀。王昭素说："治国最关键的是爱恤百姓，养生最关键的是清心寡欲。"太祖认为他的话是至理明言，就用笔写在屏风和几案上，作为座右铭。

百帝图

戒主衣翠

　　宋太祖深知创业的艰难,不但自己身体力行力戒奢侈,而且要求身边的人也都以俭素为本。有一次,宋太祖的女儿永庆公主穿着一件贴金铺翠的上衣来到宫中。太祖嫌她穿这样的衣服太过奢侈,就对她说:"你把这件衣服脱下来交给我,今后再不要这样装饰了。"公主笑着说:"一件上衣能用多少翠羽呢?犯得着如此认真吗?"太祖说:"你不明白我的意思,我并不是在乎你一个穿这样的衣服。你想想,公主身上穿着这件衣服,宫中的妃嫔及皇亲国戚们看见了,必定都要效仿,这样一来所用的翠羽就多了,京城中的翠羽价钱必定会上涨。百姓们追逐利润,见翠羽可以牟利,必然都去捕捉翠鸟,展转贩卖,将会伤害多少生灵啊!而这一切都是由你引起的。你生长在富贵之家,应当珍惜福分,怎么能充当恶业的源头呢!"公主这才明白了自己的过错,惭愧地向太祖拜谢道歉。

百帝图

140

竟日观书

宋太宗赵光义是一位喜爱读书的皇帝，每天从上午巳时开始看书，直到下午申时才放下书卷。为了对以前的经史百家之书进行分类整理，太宗命翰林学士李昉等人广搜博采，花费六年半时间，编成一部洋洋一千卷的大型类书《太平御览》。太宗在此书编写过程中时常过问并给以指导，等到书快编成的时候，太宗命令每天给他进呈三卷，供他审阅。太宗无论公务多么繁忙，都要挤时间看完这三卷书，无论春夏秋冬，无论刮风下雨，从不间断。右谏议大夫宋琪见太宗看书勤苦，就劝他注意休息，保养圣体要紧。太宗说："天下古今的义理，全都记载在书中，只要开卷阅读，就能有所收益。心里一高兴，一点儿也不觉得累。我要争取在一年之内读完这部书。"结果宋太宗果然读完了这部巨著，并把原先书名《太平总类》改为《太平御览》。

宋太宗很会挤时间学习，平时一有空闲，他便向侍读吕文仲请教经义，向侍书王著请教书法，向葛湍请教文字训诂。由于太宗好学不倦，带动了宋代文化事业的进步，除《太平御览》外，还有《太平广记》、《太平寰宇记》等大型文献都是在当时编成的。

百帝图

引衣容直

　　引衣，即拽住衣袍。容直，容忍臣下的忠直苦谏。这说的是宋太宗与大臣寇准之间发生的一个小故事。寇准当时任枢密院直学士，他确实无愧这个"直"字，平时刚正不阿，忠直敢言。有一天在大殿上向太宗奏事，两个人意见不一，言语不合，如果放在别人，早就该见机行事，知难而退了，可是寇准根本不管太宗的反应，坚持陈述自己的见解。太宗很生气，站起来就要离去。如果是一般人，此时应该很清楚太宗的态度了，一定会诚惶诚恐地向皇上谢罪。可是寇准毕竟不同寻常，只见他不急不慢，做出了一个令满朝文武目瞪口呆的举动，他一伸手抓住了太宗的袍服，心平气和地请太宗坐下来慢慢说。众人都替寇准捏着一把汗，猜想太宗一定会龙颜震怒，出人意料的是，太宗并没有发火，而是耐着性子继续听寇准陈奏。直到那件事商量确定之后才退下。太宗夸奖说："朕得寇准，就好比唐太宗得到魏征一样！"

百帝图

改容听讲

改容，就是改变表情，由怠慢改变为恭敬端正。说的是宋仁宗听文臣讲解经典的故事。宋仁宗刚登上帝位不久，宰相王曾认为皇上年轻，只有十来岁，应当在文臣的辅导下多学一些经典，以涵养圣德。于是把皇上请到崇政殿西阁，由侍讲学士孙奭，直学士冯元向仁宗讲解《论语》。最初定的是只在每月的双日讲，后来考虑到学问不宜间断，就改为单、双日都讲。仁宗很少受过这种约束，在听讲时经常左顾右盼，心不在焉，或者坐姿不正，神情怠惰。每当这种时候，孙奭就端端地站立在那里，停止宣讲。仁宗马上意识到自己的失态，赶紧抖擞精神，神情专注地开始听讲。

百帝图

146

受无逸图

　　无逸的意思是不要贪图安逸享乐,本是《尚书·周书》中的一篇,是周公还政于成王以后,害怕成王贪图享乐,荒废政事,所以作《无逸》以劝诫成王。文中主要引用商朝和周朝各王或辛勤操劳、或安逸享乐的正反例子,来说明只有勤劳恭慎才能长享王位。北宋龙图阁学士孙奭认为《无逸》篇对仁宗皇帝具有深刻的教育意义,便特意根据《无逸》篇中所讲的古代帝王勤政恤民故事,绘了一组图画,称为"无逸图"。仁宗皇帝看了十分高兴,命人挂在讲读阁里,天天观览。后来新建成"迩英"、"延义"两座殿阁,仁宗又命擅长书法的龙图阁直学士蔡襄将《无逸》篇抄写在屏风上,放置在新落成的殿阁中最显眼的地方,以便君臣们随时可以观览,从中受到启迪。

百帝图

148

不喜珠饰

宋仁宗在位时期，有一段时间宫中的后妃们都喜欢佩戴珍珠首饰，一时间形成风尚，宫外的人们也都竞相效仿，使得京城汴梁的珍珠价钱一下子涨了许多。仁宗对此很忧虑，怕这样下去会助长奢侈之风，想着要尽快革除这一弊端。有一天，仁宗在别殿游赏，众多妃嫔全都前来陪驾，有一位深得仁宗宠爱的张贵妃也兴致勃勃地赶来。只见她头上缀满用珍珠做成的首饰。仁宗远远望见了，故意举起袖子，把自己的脸面遮住，说："怎么这样打扮？满头白花花的，像是不祥之兆，难道就不怕犯了忌讳？"张贵妃一听十分惭愧，慌忙退下去，摘掉珍珠首饰，换上别的首饰再来，仁宗方才喜悦。从此以后宫中的人都以为仁宗讨厌珍珠首饰，谁也不敢再戴，京城里的珍珠价格很快就降了下来。

百帝图

纳谏遣女

定州路都总管王德用为了讨好宋仁宗，为仁宗献上两名美女，仁宗没有推辞，就收留在后宫里。知谏院王素听说这件事后，就上书劝仁宗不要收留这两名女子。仁宗笑着说："我是真宗的儿子，你是宰相王旦的儿子，卿的父亲辅佐朕的父皇，君臣之间情谊深厚，我们算得上是世交了，关系不同一般。我实话告诉你吧，王德用确实给我献来两名女子，都怪我一时糊涂接纳了，现在这两名女子已在我身边服侍了，怎么好打发走呢？"王素说："陛下认为已在左右服侍所以不便打发，臣却恰恰担心她们终日不离左右，会使陛下迷失正道啊！请陛下还是将她们遣返吧。"仁宗的神色一下子变得凝重起来，立即命令宫官将二女遣出后宫。王素说："陛下能听从臣的劝告就行，回宫后从容打发她们走人也不晚，何必这么急呢？"仁宗说："如果等我回到宫中，万一两名女子留恋不愿离开，我心一软恐怕就改变主意了，还不如趁现在遣出比较好办。"不一会儿工夫，宫官回来奏报说二女已经出了内东门。仁宗这才起身回宫。

百帝图

天章召见

有一次，宋仁宗临幸龙图天章阁，召见辅政大臣及御史中丞以上官员，亲自下诏询问朝政的失误之处，提了几个问题，让大臣们奏答，奏答的形式也不同以往，不用口头对答，而是发给每人纸和笔，要他们坐在那里当场写好。大臣们当时各抒己见，每人都有奏答。仁宗把这些奏答收在一起逐一察看，发现翰林学士张方平的奏答中提到有关裁汰冗兵、清退剩员、谨慎官吏任命、重视将帅选拔等四个方面，切中时弊，很有见地。仁宗大为惊叹，第二天早晨，他又如法炮制，又颁下手诏，询问昨天诏书上没有涉及的其它事项，要这些人再一一奏来。结果侍御史何郯建议，内外知制诰官员，本来就是负有顾问的职责，皇上应当下诏晓谕他们，今后如果发现朝政有什么差错之处，准许他们上奏陈述。仁宗很高兴地采纳了。

百帝图

夜止烧羊

宋仁宗有一天对身边的侍臣说，他昨天夜晚翻来覆去睡不着觉，觉得肚子很饿，特别想吃烤熟的羊肉。侍臣说："陛下为什么不让人去取呢？"仁宗说："本来我想命人去取，转念一想，怕膳房从此把这作为定例，夜夜要准备烤羊肉，以备取用，那样的话，不知有多少羊要被杀死了，我宁愿忍受一晚上的饥饿，而不愿看到许多生灵遭到杀戮，因此就打消了派人去取的念头。"又有一次，有人献给仁宗二十八枚蛤蜊，说是特别珍贵，一枚值钱千文。仁宗说："我这一动筷子，就吃掉二万八千文钱，如此奢侈，我实在于心不忍。"最终还是没有接受这些蛤蜊。

百帝图

后苑观麦

　　宋仁宗非常关心农事活动，在宫中后苑里特别辟出一块空地，让人种上小麦。又在旁边建起一座小殿，名叫宝岐殿。大概麦子一茎双穗称为岐，是丰年的象征，宝岐殿就是祈求小麦丰收的殿堂。每年到麦子成熟的时候，仁宗就亲自临幸后苑，坐在宝岐殿上看人割麦，还对随驾的辅臣说："按理说宫殿前应当栽植花卉，以供赏玩，现在我建造这座宝岐殿，偏偏不种花卉，只是年年种麦，这是为什么呢？因为我平时深居皇宫内殿，没有机会知晓稼穑的艰难，所以要种上麦子，亲眼看看耕种耘锄的全过程，这样才会对农人的疾苦，有一个更加深刻的认识。"

百帝图

轸念流民

宋神宗在位时，推行王安石新法，本意是为了富国强兵，可是由于保守派极力反对，以及新法推行过程中本身存在的不足，加上严重的自然灾害，使得这次变法以失败而告终。这则"轸念流民"的故事，表面上说的是神宗因怜念流民而罢除新法，实际上反映出新法所遇到的各种各样的阻力。熙宁七年（1074），东北一带遭受大旱，百姓流离失所，处境十分凄惨。当时光州司法参军郑侠在赴京途中，目睹了流民的种种惨状，一一绘成图画，到了京城之后，将这些图上奏给朝廷。仁宗将这本《流民图》反复看了几遍，受到很大震动，他开始对新法产生疑虑：莫非真的如郑侠所奏，推行新法伤了天地的和气，以至于天怒人怨，民不聊生？神宗一边长嘘短叹，一边揣着《流民图》回到寝宫，这一夜他辗转难眠，心中交织着伤感、懊悔和愤懑。第二天一早，神宗传旨命大臣调查新法的弊端，将其中不利于民的十八条予以废除。据史书记载，当时京城内外的百姓，都欢呼庆贺，而上天也降下了甘雨。

百帝图

烛送词臣

　　苏东坡在神宗时遭小人排挤，一直贬谪在外，到哲宗登极，才做了翰林学士。宋朝的翰林院设置在皇宫中，每天夜里都有一名学士轮流值班，以备圣上咨问。有天晚上轮到苏轼值夜，哲宗的祖母太皇太后与哲宗一同在便殿召见苏轼。太皇太后问苏轼如今身居何职，苏轼回答说现任翰林学士。太皇太后又问道："翰林学士是不错的职位，你一向流落在外，怎么一下子就时来运转了呢？"苏轼回答说："这都是因为遇到太皇太后和皇帝陛下，才使我有了出头之日。"太皇太后说："你说的不对，这都是先帝神宗的意思。先帝每次读到你的文章诗词，必定要赞美说奇才奇才。不久先帝驾崩，所以未来得及重用你。现在擢升你为翰林学士，实在是按照先帝的意愿行事啊！"苏轼一听，百感交集，不由得痛哭失声，太皇太后与哲宗受到感染，也相对而泣。太皇太后让苏轼坐着说话，又赐他好茶，最后，还命人端起皇上面前的金莲烛，为苏轼照亮，送苏轼回翰林院。

百帝图

游畋失位

据史书记载，夏朝的第三代君主、大禹的孙子太康在位的时候，荒淫逸乐，根本不关心国家大事和老百姓的生活，每天只热中于打猎游玩。有一次他到洛水以外很远的地方去打猎，一百多天还不回朝，把大臣抛在朝中，把政事全都荒废了，沿途还糟踏了百姓许多庄稼。他的这种做法激起臣民的一致怨恨。当时有一位臣子后羿，是有穷部落的首领，很善于射箭。他利用民众对太康的不满，率领人马手执弓矢，据守在黄河岸边，不许太康回国。太康的五个弟弟听说了这件事后，也跑到黄河边，遥望不得回国的太康，作诗五首，称述大禹的功绩，抱怨太康荒淫无道，败坏了祖宗创立的基业，这五首诗被称为《五子之歌》。太康失去了王位，又不能回国，便居住在阳夏之地，郁郁而死。值得一提的是，那位推翻太康的后羿，夺取王位后不久，就又犯了与太康相同的毛病，也喜欢出外射猎，把国政民事全都抛到脑后，终于激起民愤，被家臣杀死。而夏朝的大权经过一段时间的旁落之后，到太康弟弟的孙子少康时，联合同姓部落攻灭了篡位者，又恢复了夏的统治。这就是所谓的"少康中兴"。

百帝图

脯林酒池

夏朝的最后一位君王夏桀，在位时荒淫无道，不修德政。在攻伐有施氏的时候，有施氏向桀献上一名美女，名叫妹喜。桀对妹喜十分宠爱，妹喜提什么要求他都答应，为了博得妹喜的欢心，桀不惜耗费大量财力，建造了用美玉砌成的瑶台，以及用象牙雕刻成的象廊。他又嗜酒如命，终日狂饮。又将各种飞禽走兽的肉堆积如山，烹烤的肉脯挂得到处都是，远远望去就像茂密的树林。他又动工开凿了一个巨大的酒池，池子之大可以在里边行船。酿酒剩下的酒糟堆积成大堤，足足有十里之长。夏桀还别出心裁地在宫中举行饮酒赛会，鼓声一响，三千多人一齐到酒池边畅饮，就像牛饮水一样，场面既可笑又壮观。妹喜见状乐不可支，笑得前仰后合。夏桀的作为让人联想到他的先祖大禹，当初曾疏远会酿美酒的仪狄，并预言后世会有人因饮酒而亡国，大禹不幸而言中，而且恰恰发生在他的后代桀身上，这恐怕是大禹所始料不及的！夏桀多行不义，终于被商汤打败，与他的宠姬妹喜一同逃到南方，后来死在那里。

百帝图

革囊射天

　　商朝的君王，以亡国之君纣最为贪暴，第二个便是帝武乙了。武乙在位的时候，商王朝经过武丁中兴，又经过几代帝王交替，日益走向衰落。武乙不修帝王之道，不敬事天地，他用木头雕刻成人形，说这就是天神，然后与这个"天神"玩赌博的游戏，让别人代"天神"行筹，结果武乙赢了，就将"天神"砍得粉碎，然后夸耀说他能战胜天神。他又用皮革做成袋子，里边盛着生猪血，高高挂在空中，他自己张弓搭箭，射那皮囊。他把这种把戏叫做"射天"。武乙在位共有五年时间，后来到黄河与渭河交汇的地方去打猎，遇到雷雨，遭雷电震击而死。

百帝图

妲己害政

　　商代最后一个君王纣攻打有苏氏之国，有苏氏向纣王进献了美女妲己，纣王非常宠爱妲己，对她言听计从。为了让这位美女高兴，纣王制作了各种奇异精巧的玩物，供妲己取乐。让宫中乐师师延制作了许多乐曲和歌舞，都是些引诱人纵情声色、醉生梦死的靡靡之音和妖艳之舞。他还建造储存珍奇宝物的鹿台，以及以昂贵的美玉作门的琼室，搜刮百姓的财物来充实他的府库，让男人和女人裸体相互追逐。在宫中设置进行各种交易的商市，与王公大臣们彻夜饮酒，寻欢作乐。百姓怨声载道，诸侯们也伺机发动叛乱。妲己却认为这都是因为惩罚太轻，未能产生威慑。纣王就让人制造了一个大铜柱，上面涂满了光滑的膏油，然后放在火上烧烤，再让那些犯罪的人在铜柱上行走。罪犯们在灼热而光滑的铜柱上根本站不稳，纷纷掉到炭火中烧死。妲己看了十分高兴。这就是历史上恶名昭彰的炮烙之刑。

百帝图

八骏巡游

　　周穆王姬满五十岁时,他的父亲昭王在南巡时一去不返,死在汉水之滨,穆王即位后采取了一些好的措施,稳定了政局。接着西击犬戎,俘获五王,并将部分犬戎迁徙到今甘肃镇原一带;东攻徐戎,在涂山大会诸侯。取得了这些功绩后,穆王开始骄纵起来。他手下有个臣子叫造父,很会御车驾马。他献给穆王八匹骏马,都能日行千里。穆王便让造父为他驾车,到西方巡游玩乐,一直行到昆仑山,在瑶池与西王母会面,乐而忘返。朝政全被荒废,民心离散,东方的徐夷乘机造反作乱,导致强大的周朝中道衰落。

百帝图

戏举烽火

　　西周的最后一位君主周幽王，在位时不行君道。征伐褒国时，褒侯把美女褒姒献给幽王。幽王很高兴，对褒姒宠爱无比，为了褒姒而废掉了申后及太子。说来也怪，这位貌若天仙的美女褒姒生性不爱笑，无论周幽王怎样逗她，她就是不笑。幽王绞尽脑汁，想到一个主意，原先他与各诸侯国相约，如果有敌兵来犯，就举烽火为信号，诸侯就马上派兵前来救驾。幽王想博得美人一笑，就故意派人点燃烽火，诸侯望见，以为有敌兵来犯，都浩浩荡荡地前来勤王，等到了城下一看，根本没有敌兵。褒姒看见诸侯兵马空跑一趟，禁不住开怀大笑。幽王也洋洋得意。可是过了不久，申侯不满申后被废，就联合犬戎等进攻周朝，幽王急忙举烽火求援，诸侯以为又是幽王在搞恶作剧，都按兵不动。犬戎兵马长驱直入，在骊山下杀死幽王，虏获了褒姒，西周终于宣告灭亡。

百帝图

遣使求仙

秦始皇喜好神仙之术，当他东巡到海边时，就派遣方士徐市等人，到海上去寻找蓬莱、方丈、瀛洲三神山，以及仙人所用的长生不老之药。徐市乘船到海上转了一段时间一无所获，就回来见秦始皇。秦始皇问事情办的怎么样，徐市骗秦始皇说："这次虽然未能见到神仙及不死之药，可是却远远望见了三座神山，本来想径直前往，后来得到神的旨意说，要登神山，必须先斋戒，还得挑选童男童女、百工技艺之人一同前去才行。"秦始皇不知其中有诈，他求仙心切，马上选了三千童男童女及百工技艺之人，又修造大船，让徐市带着一同出海。徐市带着这些人漂洋过海，来到一处海岛，便在岛上住了下来，徐市自己就做了国王。秦始皇还在眼巴巴盼着徐市归来，半年过去了，一年过去了，徐市音讯杳无，秦始皇这才知道上当了。但他并未就此省悟，他仍然相信有神仙存在，只是自己无缘相见罢了。渴望长生不死的秦始皇，只活了四十九岁，公元前210年，在出巡途中病死在沙丘（今河北平乡县东北）。

百帝图

坑儒焚书

秦始皇三十四年（公元前213），听从丞相李斯的建议，焚烧民间私藏的《诗》、《书》等儒家经典以及诸子百家的各种典籍。再不许天下人读书。并且规定：敢与他人谈论《诗》、《书》的，要处以死刑。借用古代的事例来非议时政的人，要诛杀全族。官吏发现上述情况而不举报的，也要与当事人同罪，被处以同样的刑罚。能够幸免于难的，只有医药、卜筮、种树方面的书。当时有两个儒生侯生和卢生，在一起发泄对秦始皇的不满，因为害怕就逃走了。秦始皇听说这件事后，怒气冲冲地说："这些儒生妖言惑众，实在可恶！"命令御史追查，儒生们相互检举株连，结果有四百六十人被认定犯有诽谤罪，秦始皇下令将这些人全部活埋。

百帝图

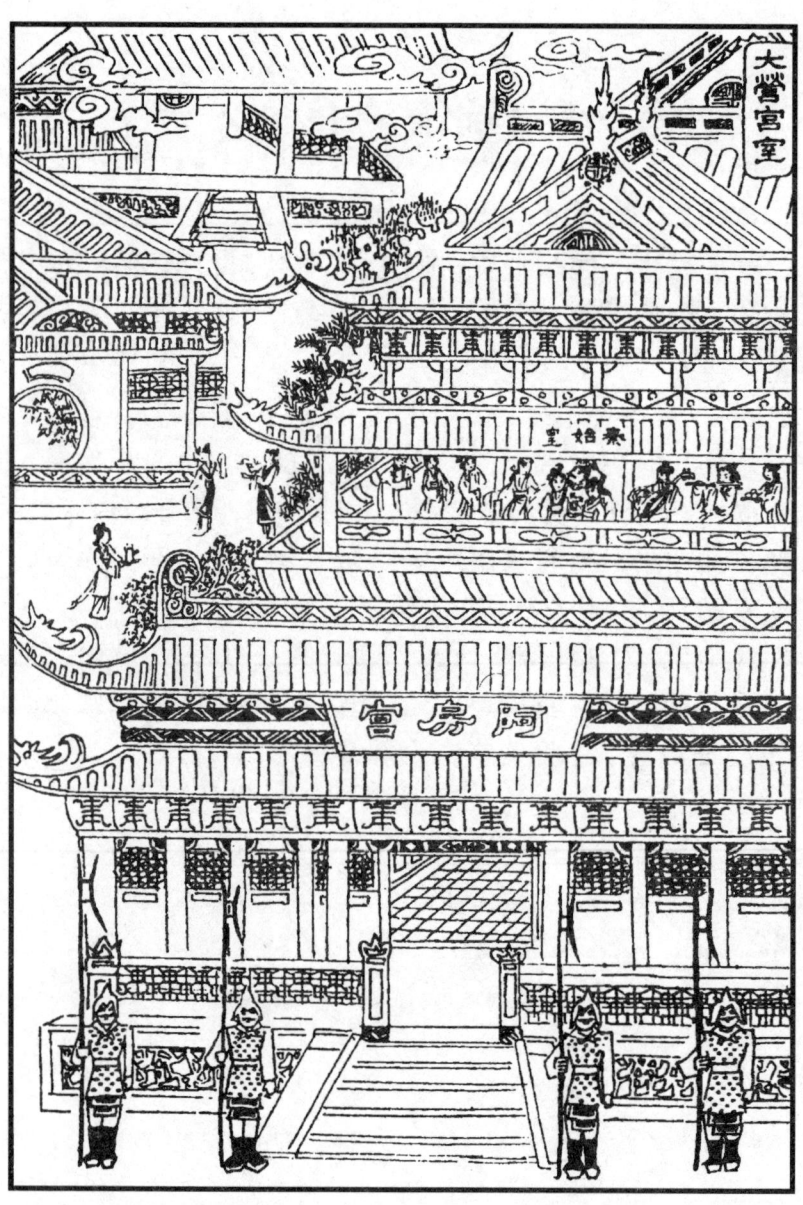

大营宫室

据《史记·秦始皇本纪》记载，秦始皇三十五年（公元前212年），嫌先王所住的宫殿过于狭小，便在渭河南岸的上林苑中修建朝宫。首先动工修建前殿阿房宫，工程十分浩大。这座阿房宫东西长五百步，南北宽五十丈。上面可以坐下一万人，下面可以竖起五丈高的大旗。大殿周围都是可供驰走的高阁道，从殿下一直通到终南山，其出口就在山的最高处。又修有一条复道，跨过渭河，向北通到咸阳。在大大小小三百所离宫中，到处都有帷帐、钟鼓和美女，以备秦始皇游幸。所到之处一切都很齐备，用不着临时挪动布置。

这座庞大的宫殿群，实际上到秦朝灭亡时尚未全部建成。项羽进入关中后，一把火烧了所有建筑，据说大火烧了三个月才熄灭。

百帝图

女巫出入

汉武帝本来是个颇有作为的皇帝，但他有一个很大的毛病，就是笃信方士巫术。曾准许民间女巫自由出入宫中，让她们教宫中美人如何消灾免难，在每个人的屋子里都埋下一个木头偶像进行祭祷。这些宫人相互嫉妒，彼此辱骂，利用木人攻击诅咒对方。汉武帝很生气，就杀了不少人。事后汉武帝便感到心神不定，晚上梦见数千木人挥舞着棍棒来打他。从此受了惊吓，身体一天不如一天。这时候有个直指绣衣使者叫江充，与太子刘据有宿怨，怕太子即位后报复，就向武帝进谗言，说武帝的病是被人施用妖术所致，当时的说法就叫做"巫蛊"。武帝信以为真，马上让江充带人调查，江充趁机诬陷太子说，在太子宫中找到了很多木人。太子知道后不胜愤慨，但又难以为自己开脱，一气之下，发兵将江充捉住杀了，汉武帝这下子火冒三丈，派兵捕捉太子，太子拒捕，双方展开激战，太子兵败逃亡，不久自缢而死。这就是著名的巫蛊之祸，而其起因正是武帝的纵容女巫出入。

百帝图

五侯擅权

汉成帝初即位，对太后王氏一家特别优待，任用大舅阳平侯王凤为大司马、大将军辅佐政事。后来于同一天封舅舅王谭、王商、王立、王根、王逢时为侯，当时人称为五侯。在封五侯那天，天气异常，到处弥漫着黄色的雾气，不久王商、王根又相继执掌朝政大权。王家的权势达到登峰造极的地步，光是坐着红漆车轮马车的高官就有二十五人，这些人都身居要职，朝中的官员几乎全都出自他们门下，从四面八方向他们馈送财宝的人络绎不绝。五侯一个比一个奢侈，修建豪华的住宅府邸，甚至学着皇宫的样子把台阶涂成红色，门上雕刻着青色的连环花纹，在庭苑中堆起高耸的土山，引城外的沣水流入自家宅院。群臣和吏民纷纷上书，认为王氏一家的权势太大，恐怕会酿出事端，可是成帝根本听不进去。王氏越发肆无忌惮，后来平帝继位，新都侯王莽把持朝政，毒杀平帝，篡汉自立。汉成帝导演的五侯擅权闹剧，终于酿成了篡杀大祸。

百帝图

市里微行

汉成帝有一大嗜好，就是喜欢微服出行，出行时不乘华辇，不要百官前呼后拥，只是悄悄地带几个负责警卫的期门郎，或者干脆就只带上一两个家奴。有时乘着一辆小车，有时骑着马匹，神不知鬼不觉就出了深宫内院。成帝如此掩人耳目，并不是他要体察民情风俗，微服私访，而是为了尽情地游玩寻乐。他的足迹所至，有时是京城里的街坊市里，有时是人迹稀少的荒郊野外。近的时候就在繁华闹市，远的时候可以到京师以外的邻县。所干的勾当不外就是斗鸡走马这些雕虫小技，成帝却很投入，常常玩到很晚才回宫。在外边游玩时为了既不暴露身份、又能震慑市井小民，汉成帝逢人就自称是富平侯家人。这个富平侯就是张放，早在汉成帝还未当皇帝时，就与张放一起出外游玩，成帝即位后，张放更受宠信，官至侍中中郎将，封为富平侯，曾与其同卧同行，到处玩乐。京城的人们都畏惧富平侯的威势，所以成帝一说是富平侯的家人，人人都要让他三分。成帝这样说，也确实说了句老实话，因为在玩乐方面，张放完全称得上是汉成帝的师傅，正是张放的诱导，才养成了成帝喜好微服游玩的癖好。

百帝图

宠昵飞燕

汉成帝有一次微服出行，来到阳阿公主家中，公主找来一班美女为成帝表演歌舞。其中有一名舞女长得十分美丽不说，还有一种绝技，身体最轻，能在掌上跳舞。汉成帝被她的美貌和轻盈舞姿迷住了，一问才知道她叫赵飞燕，成帝很高兴，当时就召入宫中，宠爱无比。飞燕有个妹妹，名叫赵合德，姿容性情更加美艳绝伦，成帝也将她召入宫中，日夜宠幸。当时披香殿里有个博士叫淖方成，遇事很有主见。他见成帝宠幸赵氏姐妹，预感到不是什么好兆头，内心很是忧急。有一天他跟在成帝身后，忍不住唾骂二女说："汉朝的象征是火，祸水一入宫，必定会浇灭火。"后来，飞燕姐妹都被封为婕妤，更加飞扬跋扈，在成帝面前中伤许皇后，致使许皇后被废。赵飞燕如愿以偿当上皇后，与合德一道专宠后宫十几年。后来哀帝即位，尊她为皇太后，平帝时废为庶人，自杀而亡。

百帝图

188

嬖佞戮贤

嬖佞，意思是宠爱佞臣。嬖佞戮贤，意思是为了袒护所宠幸的佞臣而杀戮忠臣。这说的是汉哀帝时的事。当时有个侍中叫董贤，容貌俊秀，性情柔和，很会揣摩迎合皇上的心思，深受汉哀帝的宠信，甚至亲密到与哀帝同起同卧，形影不离。董贤倚仗皇帝的宠爱，在朝中作威作福，颐指气使，人人都怕他三分。哀帝诏令主管营建的将作大匠，替董贤建造豪华宽敞的宅第，设计的精巧令人叹为观止。还赐给他武库中最好的兵器，以及皇帝专用的珍奇宝物，可以说没有董贤办不到的事，董贤想要什么，都能如愿以偿。尚书仆射郑崇实在看不过去，便向哀帝进谏，认为哀帝的做法不合法度。哀帝很生气，不但听不进去，还把郑崇关进大牢，忠臣郑崇最终竟死在狱中。

其实汉哀帝刚刚即位的时候，还是比较清明的，身体力行，克勤克俭，处理政事都较有主见而且措施得当，算得上是一位明君。可是自从宠幸董贤以后，马上像变了一个人，是非不分，黑白颠倒，亲小人，远贤臣，做出了令亲者痛、仇者快的蠢事。

百帝图

十侍乱政

　　东汉桓帝刘志在位时，先是外戚梁冀专权，等到诛杀梁冀之后，朝政又转到谋诛梁冀有功的宦官手中。桓帝迫于形势，封宦官左悺、单超等五人为列侯。中常侍侯览献上缣五千匹，也封为高乡侯。又封八个侍奉皇上的小宦官为乡侯。从此这些宦官权大位显，耀武扬威，他们互相勾结，采取各种手段贪赃枉法，无恶不作。他们的危害还不仅仅在此，到后来灵帝继位，宦官们继续兴风作浪，有了桓帝时"五侯"的示范作用，他们变本加厉，向灵帝开出更高的价码。宦官张让、赵忠等十二人都是中常侍，封侯贵宠，把持朝政，怨声载道。人们习惯上称这十二中常侍为"十常侍"，十常侍党同伐异，兴起党锢之狱，杀害贤臣窦武、陈蕃、李膺等百余人。他们凌辱大臣，欺压百姓，搞得民怨沸腾，终于激起黄巾军起义。不久又有权奸董卓的祸乱朝政，最终导致汉朝的灭亡。

百帝图

西邸鬻爵

汉灵帝刘宏在位期间,东汉王朝的统治已经很不稳固,汉灵帝为了满足贪欲,竟然在西园设邸舍公开卖官,根据官职大小不同,标价也有差别,俸禄两千石的官职,标价二千万钱。官俸四百石的官职,标价四百万钱。即便是按规定根据德行资历依次序应该提升的官员,也要减半交钱。州县长官,要根据任职所在地的条件好坏,标出不同的价码。富裕的人,先交钱才授予官职;经济拮据的人,一时凑不够数,可以先去赴任,然后有了钱再加倍补交。汉灵帝还私下命令身边的人出卖公卿的爵位,三公的爵位卖到千万钱,卿大夫的爵位卖到五百万钱。卖官得到的钱财,都在西园中立库储存起来,作为皇上的私有财产加以保管。

汉灵帝明码标价卖官,也算是一个"创举"。有一种说法认为,汉灵帝当初为侯的时候,时常苦于手头不宽裕,即位后,慨叹桓帝生活清苦,没有供自己支配的积蓄,这才想到卖官敛钱。但是他忘记了,朝廷官爵,只授贤才。任意给人尚且不行,何况是出卖而中饱私囊!灵帝卖官不到五年,天下就大乱了,卖官所得的钱财再多又有什么用呢!

百帝图

列肆后宫

汉灵帝似乎对经商做生意情有独钟，出卖官爵的经历使他对做买卖产生了浓厚的兴趣，每天的临朝听政在他看来是那样的枯燥乏味，他觉得经商才够刺激，通过一买一卖，就能赚到钱，哪些货物热销，哪些东西难卖，什么时候价钱便宜，什么时候价钱昂贵，都很有一套学问。特别是集肆上的车水马龙、人声嘈杂，以及讨价还价的举动和小贩的吆喝声，都是那样的富有生活气息。相比之下，每天的临朝听政简直太枯燥乏味了，时时都得正襟危坐，一本正经，面对的都是衣冠整齐的王公大臣，谈论的都是严肃的军政话题，实在太让人感到压抑了！汉灵帝有一天突发奇想，我何不把街市搬到宫中来呢？他想到做到，真的在后宫中盖起店铺，准备了许多各种各样的货物，让宫中的采女学着外面市井商贩的样子，吆喝叫卖，讨价还价，还特意让人互相偷窃，厮打叫骂，高声喧哗，营造出逼真的街市氛围。汉灵帝自己呢，也脱下龙袍，穿上商贩的衣服，学着商贩的神态，与一帮宫女在酒店里猜拳行令，饮酒作乐。汉灵帝看着眼前的场景，开心极了，至于朝廷大事，早抛到了九霄云外。灵帝的作为使人联想到南唐后主李煜，他也是无心政治，却对吟诗作词情有独钟，如果不当皇帝，他也许能在文学上取得更大成就。造化无情，让这些人身居至高无上的尊位，在其位而不谋其政，等待他们的只能是亡国的命运。

百帝图

芳林营建

三国魏明帝在位时，特别喜好大兴土木，大肆营建宫殿，调集了大批工匠，劳役连年不停。先是兴建许昌宫，后又兴建洛阳宫。心血来潮，又将长安城中秦汉时所造的大钟架、铜驼以及承露盘迁移到洛阳城中。他还命人铸造了两个巨大的铜人，称作"翁仲"，摆放在洛阳王城的司马门外。铸造黄龙、凤凰，安置在内殿前面。最值得一提的是芳林园的扩建，这本是汉光武帝刘秀时的芳林苑，魏明帝嫌其太简陋，就征发上万名民夫，要将其改建成一座有湖光山色的芳林园。开工后，魏明帝独出心裁地下了一道诏令，要公卿百官都参加修建，自备箩筐，背土堆山。把这些养尊处优的官员们累得叫苦连天。为了保证园中湖水长年碧波荡漾，活水长流，魏明帝又从城外引来谷水，让谷水流过九龙殿和妖姬艳女们居住的宫苑，然后再注入湖中。在湖边的高台上，还装有一架由大发明家马钧设计制造的"水转百戏"装置。经过这么整修，芳林园彻底变了样。奇花异草芬芳，珍禽异兽出没，流水潺湲，四季宜人。朝中的大臣眼看着蜀、吴尚未灭亡，明帝就如此玩物丧志，不思进取，都纷纷进谏，当明帝打算从长安搬运铜驼时，司徒掾董寻就冒死直谏，但明帝根本不听，还把董寻贬到外地。然而明帝没有料到，就在铜驼运到洛阳的第二年，也就是景初二年（238），他就因纵欲过度而一病不起。

百帝图

羊车游宴

晋武帝司马炎平定东吴后，实现了天下一统，自以为从此可以高枕无忧，于是把心思和精力都放在游玩宴饮上，政事很少过问。后宫里的妇女将近一万人。晋武帝身处佳丽丛中，眼花缭乱，连他自己都拿不定主意要先临幸谁。他每天退朝后，便改乘羊车，让羊随意行走，羊车停在哪里，他就在哪里下车，被美人簇拥着饮酒寻欢，共赴巫山。但美人实在太多，许多人盼着被宠幸，羊车却总是不来。这些人情急之下就想出一个办法，根据羊喜欢吃竹叶和盐的习性，纷纷在自家门前插上竹叶，并用盐水洒地，引诱羊车。这个办法开始还有效，后来大家都学会了，以至于户户门前插竹，处处洒盐，羊也变得刁滑起来，对这二物都不感兴趣了，重新随意行止，让美人们徒唤奈何，自伤命薄。晋武帝终日昏昏沉沉，把政事都托付给杨皇后的父亲杨骏，杨骏专权独断，胡作非为，使得西晋的朝政乱成一团糟。到武帝的儿子惠帝即位时，国运日衰，五个少数民族乘机侵扰中原，史称"五胡乱华"。晋皇室又爆发了八王之乱，使西晋王朝处在风雨飘摇之中，正濒临灭亡的命运。

百帝图

笑祖俭德

　　南朝宋的皇帝，以开国君主武帝刘裕最为节俭。刘裕把他早年用过的农具都妥为收藏，为的是教育后代。刘裕的儿子文帝刘义隆后来见到武帝的这些遗物，脸上露出惭愧的神色，自认为在节俭方面做得不够好。到了刘义隆的第三个儿子孝武帝即位后，彻底丢弃了宋武帝的节俭传统，他嫌父祖的宫室卑小，就大肆扩建，墙壁门柱上都披着锦绣。宋武帝当年居住的地方叫做阴室，已经保存了多年，孝武帝却要将它拆掉，在那里兴建玉烛殿。动工之前，孝武帝与群臣先去察看阴室，只见床头的屏障是用泥土垒成的，墙上挂着用葛布作罩的灯笼。武帝用过的蝇拂是用麻绳做的。大臣袁顗见了，连连称赞武帝具有勤俭节约的美德。孝武帝听了很不以为然，沉默了好一阵子，才不阴不阳地说了一句："他本来就是个乡巴佬，能有这样的住处，已经很不错了！"

百帝图

金莲布地

南朝齐皇帝萧宝卷自幼就顽劣成性,即位后肆意游荡,不分昼夜,沿途所过之处,要屏除其他行人,躲避不及的就被活活打死。他还喜欢骑马射雉,设置射雉场近三百处。大肆向民间搜刮钱财,为政苛暴,辅政的六位大臣先后死在他手中。他挖空心思享乐,不惜工本修建仙华、神仙、玉寿等殿,装饰得富丽堂皇。生活奢侈荒淫,宠爱潘贵妃,为讨她的欢心,别出心裁,曾凿金做成莲花铺在宫中地板上,让潘妃在上面行走,美其名曰"步步生莲花"。由于他多行不义,搞得怨声载道,众叛亲离,手握重兵的老臣良将不是起兵反抗,就是倒戈降魏。镇守襄阳的雍州刺史萧衍趁机起兵,进逼建康,萧宝卷走投无路,被手下将领杀死。由于他在位时昏庸残暴,被追废为东昏侯,永远钉在历史的耻辱柱上。

百帝图

舍身佛寺

梁武帝萧衍是南朝梁的建立者，他生活俭朴，勤于政事，有过一定作为，但他爱好太多，长于文学，精通音律，善于书法，难免玩物丧志。特别是他笃信佛法，是历史上著名的佞佛皇帝，花费很多时间、精力和金钱来建造佛寺、抄写经卷、剃度僧侣、造印佛像。动不动就舍身建康城中的同泰寺，再由群臣将他赎回，先后达四次之多。这里说的是大通三年（529）他第二次舍身同泰寺的情形。梁武帝这次来到同泰寺，召集大法会，与僧俗人等一起礼佛，他脱下皇帝的袍服，换上僧人的衣裳，举行清净大舍，意思是再不回去了，要在这寺里出家吃斋，诵经念佛，以了残生。睡的是木板床，用的是瓦器，坐的是小木车，使唤的是几个家仆。他像高僧大德一样，亲自为僧、尼和男女居士讲解《涅槃经》。文武群臣见武帝走火入魔，便出一亿万钱作为赎金，上表请他回宫主政，武帝开始并不同意，请了三次才答应回宫。

百帝图

纵酒妄杀

北齐文宣帝高洋，是北齐的建立者，早年足智多谋，留心政术，执法严明。后来渐渐变得喜怒无常，荒淫残暴。曾准备下用来煮杀人的大锅，肢解人的长锯及锉、碓等刑具，摆在庭中，喝醉了之后，就以杀人取乐。当时的宰相是汉族人杨愔，见劝谏无用，就想出一个权宜之计，提前把邺城中犯了死罪的囚犯准备好，放在帷帐后面，称为"供御囚"。高洋要杀人，便用这些人受死，如果运气好，过了三个月还没有被杀掉，就赦其无罪。开府参军斐谓之上书极力劝谏高洋不要太过残暴。高洋对杨愔说："这个愚蠢的人，怎么敢这样说呢？"杨愔巧妙地答道："他是想让陛下杀他，他好成为名扬天下的忠臣。"高洋说："真是小人，我偏不杀你，看你怎么成名？"高洋还做出了许多丧心病狂的事情，如他曾征发民夫三十余万扩建原先曹操所建的三台宫殿。工地上的横梁有二十七丈高，二百多尺长，工匠们都感到害怕，系着绳子防护，高洋却登上去快步行走，毫不畏惧，还在上面回旋跳舞，令观者心惊胆寒。他不管白天黑夜，随时会闯入大臣的私第，与女眷调笑。对宗室妇女，不论关系亲疏，都与其淫乱，或赏赐给他人。人们对高洋切齿痛恨，又惧于他的淫威，敢怒而不敢言。他所亲信的杨愔从中百般弥补，使得政事没有出太大乱子。所以当时人们都说："主昏于上，政清于下。"

百帝图

208

华林纵逸

北齐后主高纬是北齐的第五代皇帝，他言语迟钝，不喜欢见朝臣，如果不是十分亲近的人，他一般不会与其交谈。性情很懦弱，见人很羞怯，大臣们奏事，都不敢仰视他，只能三言两语说个大概，就匆匆忙忙退下。他认为帝王就应该奢侈，后宫里穿珠宝衣，吃珍美食，一件裙子就价值万匹布帛，衣服的式样不断翻新，早晨穿的衣服，晚上就当做旧衣抛掉了。大兴土木建造宫室，修好后不久觉得不满意，又拆掉重修，一连反复多次。工匠们一刻也不休息，晚上挑灯劳作，冬天用开水和泥。在晋阳西山开凿造像，一夜就烧掉灯油万盆，烛光连宫廷都照亮了。他又喜欢自弹琵琶，弹的曲子名叫"无愁之曲"，近侍数百人为他唱和，民间称他为无愁天子。他还在华林园建立了一个贫儿村，这华林园就是三国魏明帝时的芳林园，魏明帝死后，少帝曹芳即位，为避讳改为华林园。高纬穿着破衣烂衫，在园内学着乞丐的样子行乞取乐。他还让人照着北齐西部边城的样子筑起城池，让手下人穿着北周军队的黑衣，装作攻城，他自己带人在城上拒守。由于高纬只图逸乐，后来北周军队来攻，北齐很快被灭，高纬自己也作了俘虏。

百帝图

玉树新声

南朝陈后主陈叔宝在位时，荒淫无度，至德二年（584）在光昭殿前修建临春、结绮、望仙三座高阁，各有数十丈高，阔数十间，上面的窗户、栏杆全都用贵重的沉香、紫檀木制作，还用金玉加以雕饰，有的还镶嵌上珍珠翡翠，阁里所摆设的衣服、乐器，都是珍奇美丽之物，为世所罕见。殿阁里布置着宝床、宝帐、珠帘。每当微风吹起，香气飘散数里。阁下有用奇石堆成的假山，假山旁流水淙淙，水池里种植着各种奇花异草。陈后主自己住在临春阁，张贵妃住在结绮阁，龚、孔二贵嫔住在望仙阁，相互之间有复道相通。陈后主每次宴饮，都要让妃嫔们及女学士、狎客相互赋诗赠答，从中选出美艳的诗词，让人谱上曲，选宫女千余人边唱边舞。著名者有《玉树后庭花》、《临春乐》等，内容都是赞美妃嫔们的美丽姿容。君臣们经常这样通宵达旦地饮酒歌唱，至于军国政事，谁也不管。到隋军大举进攻时，陈后主君臣还仗着长江天险，根本不加戒备，照样听歌观舞，饮酒赋诗。结果和张贵妃、孔贵妃一起作了隋军的阶下囚。

百帝图

剪彩为花

隋炀帝杨广为了供自己游赏，在东都洛阳西面兴工修建西苑，周围有二百里，中间为海子，周长十余里，海中堆起方丈、蓬莱、瀛洲三座山，象征着东海中的三神山，每座山高一百多尺。山上修有楼台、道观、宫殿，在山上高低起伏，错落有致。在海子北侧有一条河渠，河水沿着这条渠蜿蜒迂回注入海子。沿着河渠修建十六处院落，院门都依傍河渠。每座院落由一位四品夫人主持。院内十分华丽，冬天宫树凋落，就剪五彩绢帛做成花朵、叶子缀在枝条上，池沼中也装饰着剪成的荷花、荷叶、鸡头、菱角，当绢帛的色彩褪旧后，马上换上新的。十六院中的美人竞相筹办美味佳肴款待炀帝，以求得炀帝的恩宠。炀帝最喜欢在皎洁的月夜里，带着数千宫女骑马畅游西苑，还让人谱写《清夜游》的曲子，在马上弹奏。

百帝图

游幸江都

　　隋炀帝为了到江南游玩，征发百余万人开凿连接长安和江都（今扬州市）的通济渠，沿渠修建离宫四十余所，又在江南造龙舟及各种船只数万艘。一切准备就绪后，隋炀帝乘着高四层的龙舟，萧皇后乘坐稍小一些的翔螭舟，还有高三层称为浮景的水殿九艘。此外还有称为漾彩、朱鸟等名号的大船数千艘，妃嫔、诸王、公主、百官、僧、尼、道士等按品位分别乘坐。拉船的壮丁多达八万余人。船只相衔前后绵延二百余里，骑兵在两岸护卫，彩色的旌旗遮天蔽日。炀帝还下令所过州县，五百里以内的居民都得来进献食品，还必须是山珍海味。有的州进献的食品多达百车。后宫妃嫔吃不完，便就地挖坑埋掉。

　　隋炀帝游幸江都，兴师动众，劳民伤财，激化了各种社会矛盾，加速了隋朝的灭亡。最后连炀帝自己也被缢杀在江都。

百帝图

斜封除官

　　斜封除官，意思是不通过正常途径提拔官吏。唐中宗李显在位时，沉溺酒色，不务正业。朝政都委托给皇后韦氏。韦后的女儿安乐公主、长宁公主等女宠都倚仗权势任意行事，贪赃枉法，哪怕是地位卑微的贩夫走卒，只要交上三十万铜钱，就可以得到由皇帝亲自签署的升官令，斜封交中书执行办理。当时人把靠这种办法得到的官职叫斜封官。上官婕妤等人在宫外都有外宅，出入不受限制，朝中大臣都争着讨好她们。安乐公主尤其飞扬跋扈，宰相以下的官员许多都出自她的门下。她与长宁公主攀比着修建宅第，规模与皇宫差不多，而精巧华丽的程度还要胜过皇宫。安乐公主向中宗要昆明池，中宗以百姓在其中捕鱼为由拒绝了她，她很不高兴，又侵占民田开凿了定昆池，方圆四十多里，里边有假山飞瀑，极其奢华。她还有一件用百鸟羽毛织成的裙子，价值一亿钱，上面绣着小如米粒的花卉鸟兽，从正面、侧面、阳光下、阴影里看去，颜色各不相同。

百帝图

观灯市里

唐中宗于景云元年（710）正月十四日晚，同韦皇后穿着平民的衣服，悄悄出了后宫，到闹市上观看花灯。这本来算不上是一件多么严重的事，但后世史家却认为，皇帝是万乘之尊，应当勤于政事，力戒逸乐。况且中宗经历多年贬谪生涯，更应该戒慎，不应恣情极意，以天子之贵，到街市观灯，与庶民混杂在一处，而且是与皇后同行，尤其不应该。这样一来会有失身份，二来容易引起突发变故，三来违背了宫闱的规矩，四来倡导了荒淫之风。其实，如果按这些戒律衡量，中宗和韦后还做过不少荒唐事，如景龙三年（709）二月初二，中宗与韦后幸玄武门，与近臣观看宫女拔河。又叫宫女们装作开店铺的生意人，让公卿大臣扮作客人，相互做买卖，故意发生争执，大吵大闹，言辞粗鲁。中宗与韦后站在一边看热闹。

百帝图

宠幸番将

　　唐玄宗于天宝五年（746）三月，以范阳、平卢节度使安禄山兼御史大夫。安禄山身体肥胖，肚子下垂到膝盖以下，曾自称肚子有三百斤重，外表看似憨厚，内心实际上很狡猾。他让部将刘骆谷留在京城，随时侦察朝廷的举动。为了取得玄宗的宠信，他每年都向朝廷进献大量的俘虏、牲畜、奇珍异宝，车水马龙络绎不绝，沿途郡县颇有些应接不暇。玄宗曾经指着安禄山的肚子说："你的肚子这么大，究竟装的什么？"禄山回答说："没有别的，只有对陛下的忠心。"玄宗很高兴。又有一次玄宗在勤政楼设宴，百官都在两边列坐，特意在御座东挂起一顶金鸡障，里边放上座榻，让安禄山坐在里边，卷起帘子，为的是向众人显示对禄山的特殊宠信。玄宗此时做梦也想不到，安禄山正在积极准备谋反，天宝十四载（755）冬天，安禄山终于在范阳起兵造反，揭开了"安史之乱"的序幕。

百帝图

敛财侈费

　　唐玄宗天宝年间，由于挥霍无度，使得朝廷财政吃紧，每年课收的钱粮不够支出。玄宗有些着急，江淮租庸使韦坚和户部郎中王鉷竟通过搜刮民脂民膏来取悦皇上。韦坚引浐水汇成潭，把江淮一带运粮船都集中起来。玄宗登上新落成的望春楼观看，韦坚用数百艘新船载着各地的珍宝财货，又让人站在船头高唱着赞美太平盛世的歌曲。玄宗见了十分高兴，为此大宴群臣，狂欢到深夜才结束。王鉷在每年贡赋定额之外，另外进献钱帛百亿万，贮存在内库，专供玄宗赏赐之用。玄宗不知底细，误以为国家财力雄厚，出手更加大方，挥霍用度，毫无节制，使得民不聊生，天下动荡不安。

百帝图

便殿击球

唐敬宗登上皇位时只有十六岁，在位时只想着游乐，对国计民生大事漠不关心。他很少临朝听政，一月之中连三次都不到。而且就是这不多的几次上朝，他还每次都去的很晚，如长庆四年（824）三月二十九日，文武百官早早就在朝门外等待，左等右等，眼看太阳已升起老高了，仍然不见敬宗的人影，直到日上三竿，年老体弱的大臣几乎要晕倒了，敬宗才姗姗来到。敬宗最喜爱的游戏是击球，经常到各内殿去与宦官一起击球，奏乐，玩得高兴了，就重赏宦官和乐人等。他还喜欢召募大力士，不分昼夜跟在他身边，经常在深更半夜去捕捉狐狸。他的性子又急躁，力士如果稍微出言不逊，就被发配充军或没收财产。宦官犯了小的过失，动不动就要受到鞭打的惩罚。这些人对敬宗又恨又怕，终于在宝历二年（826）十二月八日，敬宗夜晚出去打猎，回宫之后，与宦官刘克明、击球军将苏佐明等二十八人饮酒，敬宗喝醉了，入室更衣，殿上的烛火忽然熄灭，苏佐明等人就在室内杀害了敬宗。敬宗在位总共只有两年时间，由于沉溺游乐，引来杀身之祸。他喜欢击球游戏，最终却死在玩伴手中，实在是一大悲剧。

百帝图

宠信伶人

五代时后唐庄宗李存勖，是后唐的建立者，由于他幼年时便精通音律，会自己谱曲，所以当他执掌大权后，对优伶之人便有一种说不清道不明的亲近感。庄宗宠爱刘夫人，为了博得刘夫人的欢心，他自己给自己涂墨化妆，与伶人一起在大殿上演戏。伶人们与他混熟了，就轻薄起来，没大没小地称呼他为"李天下"，庄宗也毫不介意，反而对伶人格外关照。伶人们仗着庄宗的宠信，随意出入皇宫内院，如入无人之境，还侮辱朝中官员，无所不为。当然伶人有时也能起到好的作用，有一次庄宗到中牟县境打猎，践踏了百姓禾稼。中牟县令拦在马前进谏说："陛下为民父母，何必要毁掉百姓的生计，使他们走投无路呢？"庄宗很生气，大声喝斥着要杀中牟县令。这时伶人敬新磨走上前来，指着中牟县令说："你身为县令，难道不知道天子喜好打猎吗？为何要纵容百姓耕种，而妨碍了天子的驰骋？你实在罪该万死！"说着自告奋勇要行刑。庄宗被他的话逗笑了，就赦免了中牟县令。不过这是极个别的例子，伶人的危害是主要的，庄宗的身死也与伶人密切相关。伶人翻云覆雨，谁触犯了他们，他们就在庄宗面前恶意中伤，播弄是非。庄宗听信他们的谗言，疏远猜忌功臣勋旧，最终酿成内乱，自相残杀，庄宗在混战中被流矢射中而死。

百帝图

上清道会

　　宋徽宗信奉道教，曾替道士林灵素盖起一座宫观，叫做上清宝箓。徽宗每次临幸上清宝箓宫，都要在那里设置千道会，并且下令士人百姓都要来听林灵素宣讲道经。为了表达自己的虔诚，宋徽宗特意在讲坛一侧搭起帷帐，坐在帐中听道士讲经。林灵素高高在上，正襟危坐，让听众一再向他礼拜请教。可是他所讲的内容却根本没有多少新颖道理，只是时不时用一些轻佻滑稽的言语，来逗引台下听众发出阵阵大笑，完全不合乎君臣之间的礼节，又令官吏百姓到上清宝箓宫，请林灵素亲授神霄秘箓。掌管道教事务的道箓院居然上奏章，请求册立徽宗为道教教主、道君皇帝。

百帝图

应奉花石

宋徽宗喜欢赏玩奇花怪石，苏州大商人朱冲便暗中搜罗了许多浙江一带的珍奇花石进献。徽宗很高兴，胃口也越来越大，逐渐成为当地的一项大宗贡品，只见淮河和汴河中，随处可见载运花石的船只，络绎不绝，首尾相接，称作"花石纲"。朝廷又专门在苏州设立了应奉局，任命朱冲的儿子朱勔负责其事。朱勔十分卖力，到处购求花石，高山岩洞、湖泽深潭，全都搜索一遍。民间百姓宅院要是有一块石头、一棵小树，稍稍值得观赏，他就带领健卒数十人闯入人家，用黄帕盖上，就算是朝廷御用的宝物了，要这家人好生看管。到搬运时，不惜拆墙毁屋。对于山上的奇石，就令人凿山掘取，用车船搬运。对民夫十分苛刻，哪怕是危险性很大的江湖上，也要千方百计取到。很多人受这种差役拖累，搞得倾家荡产，甚至卖掉子女的也大有人在。

百帝图

任用六贼

　　宋徽宗在位时，由于经历的太平时期较长，国库里比较充实。奸臣蔡京当时任宰相，趁机劝徽宗及时行乐，安享太平。有一天徽宗大宴群臣，拿着所用的玉盏、玉卮对大臣说："这些酒器恐怕太过奢华了。"蔡京说："陛下贵为天子，应当享受天下的供奉，区区玉器又算得了什么呢？"徽宗又说："先帝当初只建了一座小台，大臣们就纷纷进谏劝阻。"蔡京说："事情只要在理，别人说什么都无所谓。"徽宗从此打消了顾虑，再也不怕别人说他奢侈，大兴土木，恣意游乐。正直的臣子他都不喜欢，偏宠信那些善于迎合他心意的奸臣。除蔡京外，梁师成、李彦因善于聚敛钱财供他挥霍而得宠，朱勔以搜罗花石得宠，王黼、童贯冒夸军功而得宠，加上蔡京，被天下称为"六贼"。"六贼"把持朝政，贪赃枉法，巧取豪夺，搜刮民脂民膏，大大激化了社会矛盾，削弱了宋朝国力，是导致靖康年间金人南侵、北宋灭亡的罪魁祸首。

图书在版编目(CIP)数据

百帝图/(明)张居正 原著;张社国 编．—西安:三秦出版社,2000.5(2023.6重印)
(图文版人物写真)
ISBN 978-7-80628-396-7

Ⅰ.①百… Ⅱ.①张… ②张… Ⅲ.①皇帝-生平事迹-中国-古代-图集 Ⅳ.①K827=2

中国国家版本馆 CIP 数据核字(2023)第 092309 号

百帝图

张居正　原著

出版发行	三秦出版社
社　　址	西安市雁塔区曲江新区登高路 1388 号
电　　话	(029)81205236
网　　址	http://www.sqcbs.cn
邮政编码	710061
经　　销	全国各新华书店
印　　刷	山东阳谷毕升印务有限公司
开　　本	720×1000
印　　张	15.25
字　　数	68 千字
版　　次	2000 年 5 月第 1 版
印　　次	2023 年 6 月第 2 次印刷
印　　数	8001-13,000 册
标准书号	ISBN 978-7-80628-396-7
定　　价	54.80 元

版权所有　侵权必究
凡有缺页、倒页、脱页,可与工厂直接调换。